Selbstversöhnung –
Gegen die Spaltung Deutschlands

Johannes Singhammer

**Selbstversöhnung –
Gegen die Spaltung Deutschlands**

Bibliografische Information der Deutschen Nationalbibliothek:
Die Deutsche Nationalbibliothek verzeichnet diese Publikation
in der Deutschen Nationalbibliografie; detaillierte bibliografische
Daten sind im Internet über dnb.dnb.de abrufbar.

TWENTYSIX – der Self-Publishing-Verlag
Eine Kooperation zwischen der Verlagsgruppe Random House
und BoD – Books on Demand, Norderstedt

© 2019 Johannes Singhammer
Coverdesign, Satz, Herstellung und Verlag:
BoD – Books on Demand, Norderstedt

ISBN 978-3-7407-3917-1

Inhalt

Vorwort:
Selbstversöhnung –
Gegen die Spaltung Deutschlands

Drei Jahrzehnte nach der erfolgreichen Einheitsbewegung in Deutschland geht eine Vielzahl von Rissen durch unser Land. Deutschland driftet auseinander. Obwohl die Wirtschaft brummt, die Zahl der Beschäftigten steigt und die Steuern sprudeln, wachsen die Brüche unter der Oberfläche schneller als das Bruttosozialprodukt. Zunehmend unversöhnlicher stehen sich Menschen gegenüber, wenn es um die Bewertung zentraler politischer und gesellschaftlicher Fragen geht. Die Unduldsamkeit gegenüber anderen Meinungen und Ansichten gedeiht spürbar und nicht nur in abgeschlossenen sozialen Meinungsforen. Die Verachtung anderer Auffassungen ersetzt in einer beängstigenden Dynamik die gute bundesrepublikanische Tugend der Kompromissfähigkeit. Volksparteien mit ihrer Bindungswirkung über Alters-, Einkommens- oder Religionsgruppen hinweg verlieren in den Wahlen an Zustimmung. Exemplarisch zeigt die erbitterte Auseinandersetzung um die Zuwanderung von Flüchtlingen und

Migranten, wie sich erprobte Diskussionskulturen verflüchtigen. Wichtigste gesellschaftliche Institutionen kämpfen gegen Mitgliederschwund. Die großen christlichen Kirchen machen sich auf den Weg, zu Religionsgemeinschaften exklusiver Minderheiten zu werden. Gewerkschaften blicken mit Bedauern auf die Mitgliederzahlen zurück, die sie noch vor zwanzig Jahren aufweisen konnten.

Rationale, überprüfbare Tatsachen in der politischen Diskussion verlieren an Wert, während mit Gefühlen unterlegte Wahrnehmungen als besonders wertvoll gelten.

Mit dieser Entwicklung ist Deutschland in der westlichen Staatengemeinschaft nicht allein. Manche Stimmen verweisen hierzu auf die Vereinigten Staaten von Amerika. Dort sei ein gesellschaftlicher „nordamerikanischer Grabenbruch" nicht nur zu erahnen, sondern bereits im fortgeschrittenen Stadium zu besichtigen. Auch durch viele europäische Länder gehen solche Risse. Unser großer Nachbar Frankreich gerät ohne große Vorwarnung in gravierende Turbulenzen, als mit Warnwesten bekleidete Wutbürger die Regierung innerhalb weniger Tage zur Aufgabe von Energiesteuern zwingen.

Gleichzeitig geht es Deutschland gut. An Arbeit herrscht kein Mangel und es gibt viel an finanziellem Überfluss zu verteilen. Doch das wirtschaftliche Wohlbefinden verhält sich asymmetrisch zu einer schwer greifbaren Zukunftsangst. Ängste unterschiedlichster Art werden allenthalben diagnostiziert:

- Zukunftsangst, dass die gewohnten Abläufe in Politik und Gesellschaft entgleiten.
- Identitätsangst, dass Gewohntes und Vertrautes entschwindet.
- Abstiegsangst, dass der erreichte Status in Gefahr gerät.
- Verlustangst, da der gewohnte Wohlstand von nicht beherrschbaren Risiken bedroht erscheint.

Risse, die nicht mehr zwischen Regionen und Landesteilen verlaufen, Risse, welche nicht fassbar sind nach Einkommen oder Bildungsstand, Bruchlinien, die nicht festzumachen sind an jahrhundertealten Konfliktlinien zwischen christlichen Konfessionen oder Berufsgruppen, werden sichtbar. Eine neue Unduldsamkeit, teilweise wilde Wut macht die Menschen besorgt, weil sie Familien zerreißt, Arbeitskollegen einander entfremdet, Volksparteien schrumpfen, die öffentliche Diskussion unbarmherzig werden lässt und geprägt ist von Härte, Häme, Grimm und Unversöhnlichkeit. Der schnelle harte Schlag über die öffentlich zugänglichen oder sozialen Medien in Deutschland bestimmt zunehmend die Wahrnehmung, ein abwartendes, nachvollziehbares Urteil nach Prüfung verliert immer mehr an Aufmerksamkeit. Gleichzeitig verhindert der Rückzug in die abgeschotteten Räume der sozialen Medien den Austausch unterschiedlicher Standpunkte. Zunehmend weniger bestimmt die Debatte, ob etwas „richtig" oder „falsch" ist, vielmehr versuchen die Kontrahenten zu punkten, indem sie in moralischer Überhöhung etwas als „gut" oder „böse" darstellen. Während noch vor wenigen Jahrzehnten die christlichen Kirchen mit Autorität bestimmten, was gut oder böse sein soll, haben heute die Hauptmoderatoren und -moderatorinnen des öffentlich-rechtlichen Fernsehens in den abendlichen Nachrichtensendungen die Erklärung und Bewertung der nationalen und der Weltereignisse in moralischen Kategorien übernommen. Gleichzeit wird von anderen diese Art der Welterklärung mit Begriffen wie „Lügenpresse" wutschäumend abgelehnt. Man kommt immer schwerer zueinander und schafft immer seltener das Miteinander.

Der Verweis darauf darf aber in Deutschland nicht zur Untätigkeit führen. Denn komplizierend kommt hinzu: In unseren Tagen verdichtet sich Geschichte zur Zeitenwende. Digitalisierung, Globalisierung und die zahlenmäßig größte Völkerwanderung der Geschichte werden die Welt und damit auch Europa und Deutschland in einer Weise dynamisch verändern, dass die Geschichtswissenschaft, wie immer bei Epochenbrüchen historischen Ausmaßes, diese Zeit erst mit einigem zeitlichen Abstand zutreffend beschreiben können wird.

Den Bodensatz an Gemeinsamkeiten letztlich nur noch in wechselseitigen Vorwürfen zu finden, muss einen erschauern lassen.

Deshalb bedarf es großer Anstrengungen, wieder einen Grundkonsens zu finden, auf den sich viele oder fast alle in Deutschland einigen können, um Haltegriffe zu finden und Orientierung zu geben. Deutschland braucht eine neue Gemeinsamkeit mit sich selbst – eine Selbstversöhnung. Was aber kann Gemeinsamkeit schaffen und ein Miteinander wahrscheinlicher machen? Dazu gibt dieses Buch Ratschläge an die Politik, an alle Interessierten und an alle Gutwilligen bei uns. Letztendlich geht es darum, konkrete oder unbestimmte Ängste zu überwinden durch Vertrauen in die eigenen Fähigkeiten.

Werte schaffen Zusammenhalt

Bei allen Vernünftigen herrscht Einigkeit:

Unsere Verfassung, das Grundgesetz, ist bewahrenswert und muss auch verteidigt werden. Ob es aber über die anerkannten Grundrechte und Werte unserer Verfassung hinaus etwas gibt, was gleichermaßen allgemein anerkannt und verteidigenswert ist, darüber bestehen Spaltung und Streit. Es ist gut, dass die Würde des Menschen, der Rechtsstaat, die Meinungsfreiheit, die Pressefreiheit, die Religionsfreiheit und andere Grundrechte als nicht verhandelbar gelten. Aber immer mehr Menschen spüren, dass Werte, Gemeinschaft und Zusammenhalt Zusätzliches bedingen. Manch einer bekommt schon bei der Erwähnung des Begriffs „Leitkultur" Gänsehaut. Aber: Ohne gemeinsame Selbstverständlichkeiten zerfällt ein Land. Und Deutschland verstrickt sich nicht in Unrecht, wenn eine umfassende Diskussion darüber stattfindet, was weiterhin als selbstverständlich gemeinschaftsfördernd gelten soll. Dazu zählt z. B. das solidarische Zusammenleben, was nicht nur in Paragraphen und Artikeln gegossen und festgelegt werden kann: Nur solange ein Land als akzeptierte Solidargemeinschaft funktioniert, sind soziale und innere Sicherheit gewährleistet. Wächst das Gefühl, der solidarische Bürger sei am Ende der Dumme und der rechtstreue Steuerzahler unvernünftig, reißt irgendwann der soziale Zusammenhalt. Gleichzeitig dürfen die wechselseitigen Solidaritätserwartungen nicht überzogen werden. Vor allem muss jeder selbst nach seinen eigenen Kräften für seinen Lebensunterhalt sorgen und dabei die anderen, die Schwächeren nicht vergessen.

Hilfsbereitschaft und Nächstenliebe brauchen wir mehr denn je. Und die klassischen Kardinaltugenden wie Gerechtigkeit (justitia), Mäßigung (temperantia), Tapferkeit (fortitudo) und Weisheit (sapientia) sind nicht Reste eines erschöpften Kulturpessimismus, sondern sie haben Strahlkraft für die Menschen nicht nur in Deutschland, sondern auch weit über Europa hinaus.

Deutschland gilt heute zu Recht als freiheitliches Land.

Immer noch verbesserungsfähig zwar, aber im Wesentlichen frei von Diskriminierung, mit dem ernsthaften Bemühen, jede Art von neuen Formen der Ausgrenzung und Geringschätzung zu ächten. Das öffentliche Aufsehen bei einem Verstoß gegen diese Grundlage des Zusammenlebens bestätigt und zeigt das. Auch wenn jeder einzelne bekannt werdende Verstoß dagegen empören und beschämen muss. Offensichtlich wird diese freiheitliche Lebensqualität von Menschen außerhalb Deutschlands durchaus ähnlich bewertet. Es lebt sich erkennbar nicht so schlecht in Deutschland mit seiner politischen Struktur, mit allen seinen Eigenarten und Besonderheiten. Sonst wäre unser Land nicht Ziel von Einwanderern, von Migranten, von Arbeitsuchenden aus unseren Nachbarländern innerhalb der EU, aber auch von anderen Kontinenten. Tatsächlich gibt es viel Wertvolles, Schützenswertes und Bewährtes in unserem Land, was dann allerdings auch in den Rang des Schützenswerten und Verteidigenswerten erhoben werden sollte, über den sich nicht verhandeln lässt. Auch nicht unter der Überschrift „Toleranz" als beliebigem, aber letztlich wenig brauchbarem Scheinwert. Kompromisse an der falschen Stelle bringen wenig Segen, lösen aber Lawinen an Uneinigkeiten und Spaltungen aus. Eine grundsätzlich abwehrende Haltung gegenüber dem eigenen Wertegrundgerüst entlarvt sich eher früher als später als schauerlicher Irrweg.

Damit es konkret wird: Die Religionsfreiheit, wie wir sie in unserem Land verstehen, beinhaltet zwingend auch das Recht, seine Religion zu wechseln. Es wäre daher verhängnisvoll, Zuwanderern für die Eingewöhnung in Deutschland ein Verbot des Religionswechsels oder in die Religionslosigkeit, in den Atheismus zu-

zugestehen. Nichts anderes gilt für die Gleichberechtigung von Frauen und Männern. Deshalb bleibt die Vielehe in Deutschland verboten.

Niemandem, der zu uns kommt, darf eine Glaubensprägung aufgedrängt werden. Das Gleiche gilt für Identität und Meinungsfreiheit. Aber wenn verlangt wird, das lange bestehende christliche Tanzverbot am Karfreitag aufzuheben, und gleichzeitig neue Regeln für die Schulen gefordert werden, um an Ramadan keine Klassenfahrten stattfinden zu lassen, dann läuft erkennbar etwas schief. Selbstverständlich prägen christliche Werte unser Land und Europa. Konturenlose Toleranz, die alles und jedes billigt oder auch relativiert, führt letztendlich zu einer Kultur der Selbstvergessenheit. Ein bekannter Journalist hat kürzlich vor „Tolleranz" gewarnt. Völlig zu Recht weist er damit darauf hin, dass Toleranz bei nicht wenigen gesellschaftlichen Akteuren als Chiffre für alles Beliebige verstanden wird. Fast jeder möchte sich zur Toleranz bekennen, aber immer weniger meinen dasselbe beim Gebrauch dieses Begriffes. „Toleranz" als kaum mehr fassbarer Wert entwickelt sich in Richtung knieweicher Konturenlosigkeit. Die Brauchbarkeit für versöhnende Gemeinsamkeit schwindet. Wir in Deutschland haben nach langen Irrungen und Wirrungen eine Art des Zusammenlebens geschaffen, das es sich lohnt zu sichern, zu bewahren und auch zu verteidigen.

Klassische Einwanderungsländer wie die Vereinigten Staaten haben eines erkannt: Von Zuwanderern aus anderen Erdteilen und Kulturkreisen wird eine nach oben offene Grundidentifikation mit ihrer neuen Heimat erwartet. Einbürgerungen mit feierlichem Eid und Griff an die amerikanische Flagge – Amerika weiß aus Erfahrung, was ein Land mit hohen Zuwanderungszahlen zusammenhält. Deutschland tabuisiert diese Erkenntnis.

Nun verlangen manche Vertreter aus Publizistik und Wirtschaft, die Zuwanderungszahlen nach Deutschland stark zu erhöhen, um die immer stärker spürbaren Folgen des Geburtendesasters auszugleichen. Größere Anstrengungen an Integration bis hin zu mehr Finanzausgaben werden aber nicht ausreichen. Wer mehr Zuwanderung will, kommt an der Frage nicht vorbei: Wie kann emotionale Bindung gedeihen, die weiter reicht als der Euro oder ein sicherer Arbeitsplatz? Von erfahrenen Einwanderungsgesellschaften wird Patriotismus als einigendes Band als unverzichtbar angesehen. Andernfalls, so befürchten diese Länder, wüchsen Parallelgesellschaften und Zentrifugalkräfte. Wer auf das emotionale Band des Patriotismus mutwillig verzichten will, bleibt die Antwort schuldig, was denn sonst dies verhindern könnte.

Frankreich mit seinem ganz besonderen Verständnis der Prägung durch republikanische Werte als einigende Staatskultur führt die Diskussion intensiver und ehrlicher. Die teils gewalttätigen Demonstrationen der „Gelbwesten" ändern daran nichts Grundsätzliches. Denn die Trikolore wird bei allen Missfallenskundgebungen immer wieder mitgeführt. Und auch bei den Gegen-Gegendemonstranten, den „Rottüchern", taucht die Nationalflagge auf als Symbol für republikanische Werte und Patriotismus. Genügt es, Zuwanderern eine vollständige, lückenlose soziale Teilhabe zu ermöglichen, um die Frage der sozialen Gerechtigkeit erschöpfend zu lösen? Findet allein durch soziale Egalität eine konfliktlose Integration statt? Oder bedarf es mehr gemeinsamer Werte und der Erkenntnis, dass Zuwanderung eine ganzheitliche Lebensentscheidung und nicht nur der zufällige Wechsel eines Aufenthaltsortes ist? Alain Finkielkraut, der als ein Verteidiger der Ideale der französischen Republik gilt, hat in einem Interview festgestellt, dass Einwanderungssituationen ausschließlich mit der sozialen Frage zu lösen wohl nicht genügt. Im Gegensatz zu Frankreich stellt er für die Vereinigten Staaten fest: „Und das Beeindruckende an dieser wirklich multikulturellen Gesellschaft ist die Kraft des Patriotismus (…). Die amerikanische Gesellschaft ist ein Vaterland für alle."

Der Deutsche Bundestag kann hier mit gutem Beispiel vorangehen: Wie wäre es, wenn nach der Vereidigung der Kanzlerin oder des Kanzlers und des Bundeskabinetts künftig die deutsche Nationalhymne gesungen würde? Man muss keinen Vergleich ziehen zur grandiosen Zeremonie der Inauguration des amerikanischen Präsidenten vor dem Kapitol. Aber etwas mehr Feierlichkeit beim Amtseid der deutschen Regierungschefin schadet sicher nicht. Deshalb gilt: Mehr Zuwanderung verträgt sich nicht mit weniger Patriotismus.

Zu den allgemein akzeptierten und hochgeachteten Werten zählt der Frieden, der innere wie äußere. Und dabei gilt: Jede Generation muss für sich den Frieden sichern. Wie das zu geschehen hat, darüber kann nicht nur diskutiert, sondern muss auch entschieden werden. Denn eines steht fest: Die grundlegende Existenzberechtigung eines Staates ist sein Versprechen, die innere und äußere Sicherheit seiner Bürgerinnen und Bürger zu garantieren. Seit dem Mauerfall vor dreißig Jahren haben wir Gefallen daran gefunden, uns fortlaufend eine scheinbar unbegrenzte Friedensdividende auszahlen zu lassen. Von rund 585 000 Bundeswehrsoldaten sind unsere Streitkräfte auf 185 000 als Tiefststand geschrumpft. Lieferten sich in den 1970er Jahren bei den Bundesausgaben Verteidigungs- und Arbeitsministerium noch ein Kopf-an-Kopf-Rennen, so lagen in den vergangenen Jahren die Ausgaben für Arbeit und Soziales bei einem Mehrfachen der Verteidigungsausgaben. Nur zu gern möchte man als friedfertiger Mensch den Parolen glauben, die skandieren: „Frieden schaffen mit immer weniger Waffen". Aber leider ist die Welt anders. Wer erinnert sich noch an die größte umstrittenste Nachrüstungsaktion der Nachkriegszeit: den sogenannten NATO-Doppelbeschluss, die Aufstellung von atomaren Mittelstreckenraketen? Der Untergang Europas wurde an die Wand gemalt, die größten Demonstrationen in der Geschichte der Bundesrepublik fanden dazu vor der Entscheidung des Deutschen Bundestages stand. Eine Million Menschen reichten sich die Hand, um atomare Depots der Vereinigten Staaten abzuriegeln und gutwillige Menschen zu mobilisieren, Stichwort: Mutlangen. Heute wissen wir, dass die Standhaftigkeit der damaligen Politikergeneration Schlimmeres verhindert hat. Erst der unbedingte Wille, Freiheit und Frieden in Europa zu verteidigen, hat die damalige Sowjetunion dazu bewogen, ihr Rüstungsprogramm zu verkleinern. Insoweit hatte die Nachrüstung eine nachprüfbar segensreiche Wirkung. Und auch der größte Zweifler kann nicht leugnen, dass die Nachrüstung in einem zweiten Schritt zur Auflösung der Militärblöcke geführt hat, zum Verschwinden von unfassbaren Waffensystemen atomarer, biologischer und chemischer Art, welche Deutschland und Europa mehrfach hätten zerstören können. Jetzt stehen wir vor einer anderen, damit zwar nicht vergleichbaren Situation, aber sehr wohl wiederum vor der Frage: Sind wir bereit, für die Freiheit und unseren Lebensstil politisch wie ökonomisch zu zahlen, und wenn ja, zu welchem Preis? Nach wie vor gilt: Diplomatie ist unersetzlich. Aber sind wir in der Lage und willens, die neuen Verhältnisse zur Kenntnis zu nehmen, welche die Welt unsicher und Europa anfälliger gemacht haben, oder wollen wir unser wohliges Gefühl pflegen, damit nichts zu tun zu haben, uns die Hände nicht schmutzig zu machen und zu hoffen, dass sich Unangenehmes von selbst erledigt oder von anderen erledigt wird?

Unsere Partner fordern seit langem, dass Deutschland seine vertraglich zugesagten Verteidigungsausgaben einhält. Zu zwei Prozent vom Bruttoinlandsprodukt hat sich Deutschland verpflichtet, ohne Zwang. Tatsächlich geben wir weit weniger aus. Frankreich wendet deutlich mehr auf und klagt zunehmend darüber, dass es damit einen nicht unerheblichen Teil der Sicherheit Deutschland mitfinanziere. Da wirkt der Hinweis, unser Nachbar möge sich doch an Deutschland ein Beispiel nehmen und im nationalen Haushalt Ausgaben und Einnahmen ins Gleichgewicht bringen, unberechtigt belehrend. Deutschland als wirtschaftlich stärkste und reichste europäische Nation kann immer weniger begründen, warum, auch in unserem eigenen Interesse, weniger prosperierende Staaten höhere Verteidigungsausgaben schultern sollen. Freiheit, Liberalität und einen offenen Lebensstil gibt es nicht zum sicherheitspolitischen Nulltarif. Zur Ehrlichkeit

gehört daher, den Menschen in unserem Land zu sagen: Deutschland muss wieder deutlich mehr für seine
äußere Sicherheit investieren, Freiheit und Frieden sind
ein teures Gut.

Versöhnung braucht Gemeinschaften

Wir alle sind stolz auf die persönlichen Freiheiten, auf die individuellen Freiheitsrechte jedes Einzelnen in Deutschland. Dadurch hat sich eine großartige Erweiterung von Chancen und Möglichkeiten, aber auch Ansprüchen ergeben. Aber: Die Ausübung individueller Rechte hat Auswirkungen auf das Gemeinwohl. Der Genuss eigener Fähigkeiten und die Ausschöpfung aller vorhandenen Möglichkeiten ohne Beachtung ihrer Wirkung im Hinblick auf das Gemeinwohl bergen Risiken. Wenn der Tüchtigere, der Stärkere, der Klügere, der Reichere alle seine ihm zur Verfügung stehenden Fähigkeiten nutzte, bliebe der Schwächere, der weniger Leistungsfähige, der Ältere, der Kranke auf der Strecke. Weil dieser Spannungsbogen in einer Gesellschaft nicht völlig neu ist, hat man sich immer wieder in der Geschichte demokratischer Gesellschaften um eine Feinjustierung von Individualität und Gemeinwohl bemüht. Gemeinschaften, Gesellschaften, welche die Entwicklung jedes einzelnen Menschen fördern, aber zugleich das solidarische Miteinander vermitteln, können Versöhnung schaffen und Zusammengehörigkeit wachsen lassen.

Die Familie ist die wichtigste von allen Gemeinschaften.

Familie überflüssig zu machen, zu ersetzen durch ein diffuses Gefühl von Kuschelnähe in einem globalen Dorf, führt geradewegs zu einer orientierungslosen emotionalen Obdachlosigkeit. Der Staat kann Familie niemals ersetzen, hat aber wohl die Verpflichtung und Verantwortung, die Familie zu fördern.

Zum Respekt des Staates vor der Familie in ihrer nicht ersetzbaren einzigartigen und ursprünglichen Gemeinschaftsform zählt auch der Respekt vor der geschlechtlichen Identität jedes Einzelnen. Zur Wertschätzung der Familien zählt auch, dass sich jede Familie ihren Lebensstil und ihre Art der Erziehung der Kinder ohne Diskriminierung aussuchen kann. Stichwort: Wahlfreiheit. In den intensiven Diskussionen um das Jahr 2010 ging es auch darum, Formulierungen von „Rabenmutter" bis zu „Herdprämie" zu überwinden. Zwischenzeitlich hat allerdings diese Wahlfreiheit vielfach Schlagseite erleiden müssen. Mütter, welche sich in der Folgezeit für das Betreuungsgeld entschieden, wurden medial oft schubladisiert mit dem Kampfbegriff der „Herdprämie". Und Müttern sowie, wenn auch weitaus seltener, Vätern, welche aus ihrer Sicht des Kindeswohls in den ersten Lebensjahren ihres Kindes auf eine Berufstätigkeit verzichteten, wurden und werden bösartige Motive und ein Mangel an Modernität unterstellt. Mütter, und seltener auch Väter, welche sich aus guten Gründen für eine Fortsetzung ihrer Berufstätigkeit entscheiden, auch weil es in vielen Fällen finanziell notwendig ist, müssen dagegen kaum mit Unverständnis rechnen. Deshalb gilt: Wer die Familie respektieren will, darf weder unterschwellig noch öffentlich eine zutiefst persönliche Entscheidung über die Lebensplanung mit Kindern kritisieren.

Unverzichtbarer Teil einer Persönlichkeit ist, ob jemand Mann oder Frau, Junge oder Mädchen ist. Das hat nichts zu tun mit einer Diskriminierung unterschiedlicher Sexualität. Wer aber das Geschlecht als soziales Wahlrecht verzwergt, raubt den Menschen einen existenziellen Teil ihrer Selbstvergewisserung.

Eine entscheidende Grundlage für unser Land sind nach der Familie Gemeinschaften, Vereine, Gruppierungen und Ehrenamtliche, die sich für das Gemeinwohl einsetzen. In keinem anderen Land ist die zahlenmäßige Zugehörigkeit zu Vereinigungen und Vereinen so hoch wie in Deutschland. Das sind nicht nur die oft böswillig sogenannten Vereinsmeier, sondern Menschen, die sich zusammenfinden, weil es in der Gemeinschaft besser gelingt, Ziele zu verwirklichen. Mit optimistischer Grundstimmung formuliert, heißt das: Es gibt eine große Zahl von Menschen, die einander zugetan sind und die nicht nur für sich allein, sondern für die Gemeinschaft etwas tun wollen und damit auch für ihre Nächsten. Dies tun sie auf vielfältigste Weise, z. B. indem sie miteinander musizieren, singen und ihre Instrumente erklingen lassen. In unserem Land gibt es viele Tausende Chöre und Orchester. Dazu kommen Freiwillige Feuerwehren und die „Tafeln" für die Essensausgaben, um nur zwei Beispiele zu nennen für eine nahezu unerschöpfliche Bandbreite des sozialen Engagements. Es ist dieser Geist des ehrenamtlichen Einsatzes für andere, der ein Dorf, eine Stadt und unser Land in besonderer Weise schmückt und Spaltung überwindet.

Die Nation ist nicht überflüssig

Bis sich in einem historischen Prozess eine europäische Identität verankert haben wird, schafft die Nation für die meisten Menschen in Europa und auch in Deutschland eine Form der Gemeinsamkeit. Nach wie vor erleben die Menschen weltweit und auch in Europa die Nation als Schicksalsgemeinschaft. Wer nationale Identitäten mit der Abrissbirne zerschlagen will, schafft keine bessere Wirklichkeit. Man kann dem berühmten Historiker Heinrich August Winkler nur zustimmen,

der vor einiger Zeit in einem Essay warnte: „Wer die
Nationen abschaffen will, fördert die Nationalisten.“ In
den Nachbarländern Deutschlands ist die Bereitschaft,
die eigene Nation aufzulösen, wenig verbreitet. Die osteuropäischen Länder sind froh, ihre nationale Identität
nach zum Teil vielen Jahrzehnten der Unterdrückung
wiedererlangt zu haben. Das Versprechen einer zielge-
richteten Zerschlagung der nationalen Identitäten als
Zukunftsparadies wird von ihnen als gefährliche Utopie
eingeordnet. Aber auch im Westen unseres Kontinents,
in Frankreich, in Spanien oder auch in Großbritannien
und in Italien denken sehr wenige daran, ihre eigene
Nation aufzugeben. Der schwungvolle, teilweise be-
hutsame Prozess der europäischen Einigung darf nicht
überfordert werden, sondern eine europäische Identität
muss sich auf der Grundlage eines Europas der Vater-
länder behutsam entwickeln. Und das braucht Zeit.

Heimat als neuer und zugleich uralter Zustand des
Vertrautseins, Patriotismus als Wert und eine geeinte
Nation als Gegenteil eines verfallenden und gespalte-
nen Gemeinwesens haben weiterhin Strahlkraft. Die
Zahl der Nationalstaaten hat sich in Europa in den
zurückliegenden 150 Jahren nicht verringert, sondern
annähernd vervielfacht. Dabei waren die Umstände
dieser Entwicklung, zwei Weltkriege und eine Vielzahl
anderer Konflikte, schrecklich. Dennoch wächst weltweit der Wille zur Selbstbestimmung im Rahmen einer

Nation, während eine Entwicklung zum Weltstaat kaum zu erkennen ist. Nation schafft nach wie vor die mächtigste Identitätskraft. Die Zugehörigkeit durch eine Staatsbürgerschaft ist mehr als Vereinsmitgliedschaft, weil in den Nationen die Menschen schicksalhaft miteinander verbunden sind in allen Lebensbereichen. Wenn es einer Minderheit oder einer größeren Zahl von Menschen unserer Nation in Deutschland nicht gut geht, dann wird es dauerhaft einer Mehrheit, und mag sie noch so groß sein, ebenfalls nicht gut gehen. Es kann besondere Gründe geben, weshalb eine doppelte Staatsangehörigkeit gerechterweise zugelassen und sinnvoll ist. Aber eine Inflationierung doppelter Staatsangehörigkeiten schafft nicht mehr an Integration oder Versöhnung, sondern lässt das Risiko einer bisher nicht da gewesenen Art von Trennendem wachsen. Doppelte Staatsangehörigkeit führt in sehr vielen Konstellationen zu einem dauernden Konflikt und doppelten Loyalitäten. Auch wenn es schwierig ist und für manchen kaum erträglich erscheint: Der Doppelpass auf dem Silbertablett für Zuwanderer und deren Kinder schafft kein Mehr an Integrationsgewinn. Wir alle erinnern uns an die Wahlen und die Abstimmung über eine neue Verfassung und einen neuen Staatspräsidenten in der Türkei. Eine erhebliche Zahl von Deutschtürken beteiligte sich an diesen türkischen Wahlen, auch Menschen mit doppelter Staatsangehörigkeit.

Deutsche mit nur einer Staatsangehörigkeit konnten das nicht. Mit Befremden haben viele in unserem Land festgestellt, dass in Deutschland eine große Zahl, fast eine Mehrheit der türkischen Abstimmungsberechtigten sich der Politik Erdogans verbunden fühlt, obwohl in der Türkei Meinungsfreiheit oder auch Religionsfreiheit nicht ausreichen, um Mitglied in der Europäischen Union zu werden, wie der Fortschrittsbericht der EU-Kommission in Brüssel erst vor wenigen Monaten wieder deutlich formuliert hat. Obwohl die doppelte Staatsangehörigkeit Menschen mit türkischen Wurzeln in Deutschland den Weg zu einer bestmöglichen Integration ebnen sollte, zu unseren Werten, zu einer freiheitlich-liberalen Gesellschaft, stellen viele mit Nachdenklichkeit fest: Für eine nicht geringe Zahl dieser Doppelpassinhaber scheint das System Erdogan in der Türkei attraktiver zu sein. Integrationserfolg und Doppelpass konnten zumindest bei diesen Wahlentscheidungen nicht synchronisiert werden.

Unbestritten bleibt zugleich, dass die allermeisten Nationen und zumal die deutsche in internationale Gemeinschaften eingebunden sein sollten. Mit Ausnahme von Weltmächten – und diese auch nur eingeschränkt – können einzelne Staaten und Nationen immer weniger konfliktfrei Interessen und Ziele umsetzen. Deshalb ist es im Interesse der europäischen Nationalstaaten und zumal Deutschlands, dass es die Europäische Union gibt. Die Europäische Union als Friedensgemeinschaft hat den unwiderlegbaren Nachweis der Existenzberechtigung durch über 70 Friedensjahre auf unserem Kontinent erbracht. Die Berechtigung von Kompetenzübertragung auf internationale, überstaatliche Institutionen wird politisch und öffentlich diskutiert. Selbstverständlich auch streitig.

Weniger wahrgenommen wird eine andere, neue Art des Kompetenztransfers: Weg von Nationalstaat und hin zu Organisationen und Unternehmen ohne Legitimation durch allgemeine und gleiche Wahlen, wohl aber geschaffen durch selbst erworbene wirtschaftliche und gesellschaftliche Durchsetzungsmacht.

„Macht ist ein Vermögen, welches großen Hindernissen überlegen ist", schrieb Immanuel Kant. Statt eine transparente, demokratisch legitimierte Machtübertragung auf staatliche Institutionen unter Generalverdacht zu stellen, lohnt es sich vielmehr, einen Machtverlust der Nationalstaaten zu beobachten, der auf leisen Sohlen daherkommt.

Außerhalb der Einflussbereiche vieler Staaten haben sich riesige Kapitalmassen gebildet, welche innerhalb weniger Augenblicke tsunamihaft globale Verschiebungen bewirken können. Eine Vielzahl von weltweit tätigen Unternehmen auf dem Globus setzt mehr um, als die ärmsten Länder dieser Welt insgesamt erwirtschaften. Zugleich sind diese Weltunternehmen an keine bestimmte Volkswirtschaft gebunden, sondern agieren global. Damit werden viele Nationalstaaten gezwungen, die Rolle des Akteurs aufzugeben und die des Mitspielers oder gar Zuschauers anzunehmen. Das Rezept gegen eine solche Entwicklung ist die Zusammenarbeit zwischen Staaten auf Augenhöhe.

Wir brauchen bis auf Weiteres die Nation, aber was wir nicht brauchen, sind Nationalismus und nationale Überheblichkeit, die sich gegen andere richten. Ein gelungenes Beispiel für verantwortungsbewussten Patriotismus war das Sommermärchen, die Fußballweltmeisterschaft 2006 in Deutschland. Erstmals zogen vor allem junge Menschen mit schwarz-rot-goldenen Flaggen zu den Fußballarenen. Die Menschen in Deutschland als Gastgeber des weltweiten Ereignisses freuten sich, waren stolz auf die Spiele der eigenen Mannschaft, aber bejubelten auch die großartigen Leistungen der anderen.

Die Nation als historisches Auslaufmodell zu erklären, ihre Überwindung als Staatsziel zu fördern und deshalb auf eigene Interessendurchsetzung zu verzichten bleibt ein sicherer Weg in die Spaltung unseres Landes. Wir sollten diesen Weg nicht gehen.

Kirche und Staat als Stifter von Gemeinschaft – Die Verantwortung vor Gott und den Menschen achten

Die christlichen Kirchen und den Staat verbindet die Verantwortung, Gemeinschaft zu schaffen sowie Spaltung und Auseinanderfallen zu vermeiden. Beide sind sich in diesem Ziel sehr nahe. Gleichzeitig wissen wir alle aus persönlicher Erfahrung, dass engste Nähe auch entfremden kann. Dieses Risiko betrifft aktuell auch das Verhältnis zwischen Staat und Kirche. Beide Institutionen kamen sich in den zurückliegenden Jahren immer näher, aber ohne wechselseitigen Vertrauenszugewinn. Teile der großen christlichen Kirchen äußern sich medial – vor allem oder geradezu ausschließlich – in politischer Weise. Teile von oder komplette Parteien unseres Landes wiederum versuchen sich moralisierend, indem sie gut oder böse definieren und damit kirchliche Kernzuständigkeiten früherer Jahrzehnte mit beanspruchen, statt sich auf richtig oder falsch in der politischen Auseinandersetzung zu konzentrieren, meist mit dem Hinweis, dass die eigenen Positionen selbstverständlich gut und human seien, die des politischen Wettbewerbers jedoch böse und verabscheuungswürdig. Selbstverständlich braucht Deutschland die christlichen Kirchen, Deutschland braucht auch die politischen Parteien, aber ein dynamisch wachsender Vertrauenszugewinn durch politisierende Kirchen in tagespolitischen Fragen oder moralisierende Parteien unter Bezug auf höhere Mächte ist noch nicht stichhaltig bewiesen worden.

In der Wahrnehmung von immer mehr Menschen begeben sich die großen christlichen Kirchen immer deutlicher in die tagespolitische Arena: Mit verlässlicher Regelmäßigkeit sehen sich die Kirchen in der Pflicht, zu fundamentalen Fragen der Gerechtigkeit und des sozialen Zusammenhalts politisch Position zu beziehen. „Es wäre völlig undenkbar, dass man beim Thema Flüchtlinge schweigt als Kirche", erklärt z. B. Bischof Heinrich Bedford-Strohm, der Ratsvorsitzende der Evangelischen Kirche in Deutschland. Aber auch zu nicht von allen übereinstimmend als grundlegend befundenen Themen, wie z. B. Energiewende und Mindestlohn, äußern sich Vertreter der Kirchen prominent und oft auch sehr detailliert. Je nach politischer Ausrichtung erfreut das politische Parteien oder es beschwert sie. Teile der Unionsparteien, zumal die CSU, geraten in der Zuwanderungsfrage in einen schmerzlichen Konflikt mit den christlichen Kirchen. Und wenn die christlichen

Kirchen wiederum in Fragen der Familienpolitik oder der Abtreibung ihre Stimme erheben, reagieren etwa Bündnis 90/Die Grünen mit distanziertem Achselzucken. Wenn man genauer hinsieht, ist festzustellen, dass die Übereinstimmungen zwischen den C-Parteien und den beiden großen christlichen Kirchen nach wie vor am größten sind. Beispiele zeigen das:

- Die AfD bestreitet seit ihrem Bundesparteitag 2017, dass die Kirche gesellschaftlichen Zusammenhang stifte, gemeinsame Schnittmengen seien schwer zu finden.
- Die „Linke" will den erwerbsarbeitsfreien Sonntag schützen, möchte aber Kirchensteuer, Staatsleistungen an die Kirche sowie die Militärseelsorge abschaffen und ein Streikrecht und betriebliche Mitbestimmung für die annähernd eine Million Beschäftigten in kirchlichen Tendenzbetrieben einführen.
- Die FDP positioniert sich klar zur Religionsfreiheit, sorgt sich aber besonders um den Schutz satirischen Umgangs mit Religion und möchte den §166 StGB, den sogenannten „Blasphemie-Paragraphen", abschaffen.
- Die Grünen beschäftigen sich ebenfalls mit der Abschaffung von §166 sowie mit der wachsenden Zahl von Bekenntnislosen und verlangen Neutralität allen Religionsgemeinschaften gegenüber.

– Die SPD lobt die Kirchen und Religionsgemein-
schaften neben den Gewerkschaften und anderen
Vereinigungen besonders für ihre „unverzichtbare
Arbeit" in der Wohlfahrtspflege.

Nur wenig Aufwand bedarf es, Gemeinsamkeiten der
CSU mit den Kirchen zu finden: christliche Feiertage
schützen, Staatsleistungen für die Kirchen nachhaltig
beibehalten, Religionsunterricht in den Schulen verankern, das kirchliche Arbeitsrecht respektieren, Militärseelsorge bewahren, bis hin zum Werbeverbot für
Abtreibung. Die Auflistung von Schnittmengen ließe
sich fortsetzen.

Seit vielen Jahrzehnten hat sich die Trennung von
Staat und Kirche einerseits und die Kooperation ande-
rerseits als klug herausgestellt, wie es in den Konkor-
datsverträgen, etwa mit der katholischen Kirche, festgelegt worden ist.

Dieser historische Prozess ist nicht beendet oder in
Stein gemeißelt, bedarf aber des behutsamen Umgangs
miteinander. Allzu viel Porzellan zu zerschlagen nützt
einer gedeihlichen Weiterentwicklung des so wichtigen
Verhältnisses zwischen Kirchen und Parteien nicht,
weil damit früher oder später die sensible Beziehung
zwischen Kirche und Staat berührt würde.

Franz Josef Strauß wird eine prägnante Analyse des
„C" im Parteinamen zugeschrieben. Danach könne

niemals der Anspruch auf christliche Politik erhoben werden, weil ein solcher schlichtweg unerfüllbar sei. Wohl aber sei eine Gestaltung der Politik aus christlicher Verantwortung unverzichtbar.

Vielleicht ein guter Hinweis darauf, weniger Trennendes, sondern mehr Gemeinsames zu suchen.

Die Religionsfreiheit erlaubt die Kritik der Kirchen nicht nur, sondern verlangt nach dem öffentlichen Wort und der Tat der Kirchen. Unser Grundgesetz garantiert die Religionsfreiheit, die Einmischung der Kirchen – ob es dem einen oder anderen gefällt oder nicht. Politisch Verantwortliche haben das zu respektieren und in diesem Zusammenhang jeden versteckten Hinweis auf Kirchensteuer oder staatliche Zuschüsse für von Kirchen übernommene öffentliche Aufgaben zu unterlassen, weil solche Spitzen auch geeignet sein könnten, die Unabhängigkeit und Freiheit der Kirchen zu tangieren. Dennoch wächst bei nicht wenigen ein Unbehagen über die immer häufigere kirchliche Bewertung der Tagespolitik, weil damit in der politischen Arena ein Meinungsbildner mit gewaltiger Autorität auftritt, der aber gleichzeitig nie beabsichtigt, sich freien, gleichen und geheimen Wahlen zu stellen, sondern der seine Autorität auch in politischen Fragen von einer höheren Macht ableitet.

Denn die Kirchen befinden sich in einer herausragenden, einzigartigen Position. Sie können fordern,

ohne daran gemessen zu werden, was davon am Ende
tatsächlich unter den Zwängen notwendiger Kompromisse in der Tagespolitik umsetzbar und möglich ist.
Die gesinnungsethische Maximalforderung fordert die
Realität heraus und muss sich nicht darauf überprüfen
lassen, was aus der Perspektive einer Verantwortungs-
ethik möglich ist. Auch gehen in der Politik notwendi-
gerweise manchmal Gesinnungsethik und die Anfor-
derungen politischer Realitäten auseinander. Die gute
Botschaft ist eine Botschaft des Friedens. Frieden lässt
sich aber in der Wirklichkeit nicht ohne ausreichende
Verteidigungsfähigkeiten schaffen. Deshalb kann
Deutschland nicht auf Bundeswehr und Militärbünd-
nisse verzichten – gerade um des Friedens willen. In
Deutschland sind wir stolz auf eine Balance zwischen
Kirche und Politik nach einem Jahrhunderte andauern-
den, oft konfliktreichen Prozess. Vom Investiturstreit
des Mittelalters darüber, ob nun Papst oder Kaiser das
letzte Wort bei der Besetzung der Bischofsstühle haben
sollen, über den Kulturkampf zwischen Katholiken und
dem protestantischen Kaiserhof in Berlin im 19. Jahrhundert haben Kirchen und Staat in Deutschland zu
einem fein austarierten segensreichen Verhältnis der
Kooperation gefunden. Anders als in den Vereinigten
Staaten oder in Frankreich mit ihrer strikten Trennung von Kirche und Staat regeln etwa Konkordate in
Deutschland deren Zusammenarbeit zum Wohl aller.

Sie schaffen ein Gleichgewicht im Verhältnis von Kirche und Staat mit einem wechselseitigen Durchdringen, einem vereinbarten Neben- und Miteinander. Das jahrhundertealte spannungsreiche Verhältnis zwischen Staat und Kirche hat in der Präambel des Grundgesetzes eine dauerhaft gültige Formulierung gefunden: in „Verantwortung vor Gott und den Menschen". Und der wahrhaft königliche Artikel 1 des Grundgesetzes, welcher die Würde jedes Menschen als tragendes Prinzip formuliert, kann ohne die christlichen Wurzeln des europäischen Kontinents nicht gedacht werden.

Die großen Kirchen, aber auch kleine Religionsgemeinschaften müssen selbst entscheiden, wie weit sie sich in die politische Arena hineinbegeben wollen und damit auch in die politische Nahauseinandersetzung. Das beschämende Schweigen vieler in den Kirchen zur Zeit des Nationalsozialismus empfinden die Kirchen zu Recht als auf Dauer angelegtes Mandat, Angriffe auf die Würde jedes Menschen rechtzeitig anzumahnen und abzuwehren. Damit erfüllen sie eine gesellschaftliche und moralische Funktion von zentraler, nicht ersetzbarer Bedeutung. So waren es jahrhundertelang die Kirchen, die sich für die sozial Schwachen eingesetzt haben, nicht nur durch Wohltätigkeit, sondern auch durch Politik. Etwa als der „Arbeiterbischof" Wilhelm Emmanuel von Ketteler im 19. Jahrhundert katholische Arbeiter dazu aufrief, sich zu organisieren. Man denke auch an so kluge Köpfe wie Oswald von Nell-Breuning, den „Nestor der katholischen Soziallehre". Nicht zu vergessen sind vor allem die vielen Priester und Pfarrer, die, wie Dietrich Bonhoeffer, ihr Leben gaben, um für ihre christliche Überzeugung gegen das nationalsozialistische Unrechtsregime aufzubegehren. In der DDR leisteten unzählige Gemeinden wichtige Widerstandsarbeit und legten mit den Montagsdemonstrationen 1989 einen Grundstein für die friedliche Revolution.

Viele in der Politik wissen, dass politische Entscheidungen auch dann fehlerbehaftet bleiben, wenn sie vorher einer eigenen Gewissensprüfung unterzogen wurden. Eine oft schmerzliche Erkenntnis, die sich manchmal erst mit der Verzögerung von einigen Jahren herausstellt. Es bleibt dabei: Die Politik kann nur vorletzte Wahrheiten und Erkenntnisse verkünden.

Die Kirchen haben das Privileg der Verkündung der Frohen Botschaft und der letzten Wahrheiten. Je mehr Kirchen in der öffentlichen Wahrnehmung als Kombattanten in der politischen Meinungsbildung wahrgenommen werden, desto stärker wächst das Risiko, dass sich die einzigartige Position der Kirchen in den Augen mancher verunklart.

– „Der Staat lebt nicht von den Weisungen der Kirche, sondern von den Früchten ihrer geistigen Existenz", stellte der erste Präsident des Deutschen Bundestages, Hermann Ehlers, 1953 fest. Den anderen Eckpunkt des jahrhundertealten Spannungsbogens legte Sir Karl Popper fest, als er formulierte: „Der Versuch, den Himmel auf Erden zu verwirklichen, führt stets in die Hölle.“

Klar und nachprüfbar bleibt gleichwohl, wie wenig künstlich geschaffene Ersatzwerte nachhaltig wirken. Mit dem Zerfall der kommunistischen Systeme in Osteuropa vor dreißig Jahren wurde die Zerbrechlichkeit eines künstlich selbst geschaffenen Wertesystems offenkundig.

Jetzt stehen Volksparteien und die großen christlichen Kirchen gleichermaßen vor erheblichen Herausforderungen. Jahr für Jahr verlieren die beiden großen christlichen Kirchen fast 400 000 Menschen durch Austritte. Weitergedacht für die kommenden zehn Jahre, bedeutet dies nicht weniger als den Verlust der jahrhundertealten Struktur der Volkskirchen, mit unabsehbaren Konsequenzen.

Parallel dazu verlieren die bisherigen Volksparteien, welche den Staat Bundesrepublik Deutschland nachhaltig getragen und geprägt haben, an Einfluss. Die Wahlergebnisse der SPD sprechen Bände und auch die Union kann sich nicht auf der Sonnenseite der Wählerzustimmung wähnen. Was verspricht erfolgreich eine gute Zukunft im Verhältnis von Staat und Kirche? Der

Weg für Staat und Kirche könnte einer sein, den man am besten beschreibt als: distanzierte Nähe.

Deshalb sollte sich jeder Verantwortungsbewusste in der Politik hüten, quasireligiöse Programme aufzulegen und für den eigenen politischen Standpunkt höhere Mächte zu bemühen. Auf der anderen Seite sollten die Kirchen ihren einzigartigen Auftrag der Verkündigung der Frohen Botschaft fruchtbar nutzen. Denn keine noch so gelungene politische Rede kann der Kraft des Evangeliums nahekommen. Und auch das wortmächtigste Parteiprogramm vermag nicht, Menschen existenziell über Zeit und Raum hinweg so zu berühren, zu erschüttern und zu befreien wie die frohe Botschaft. Die Botschaften der Bibel entstammen einer anderen Dimension. Für die Politik gilt: Wer christliches Leben in Deutschland aus der politischen Öffentlichkeit verbannen und in die Sakristei zurückdrängen will, legt die Axt an seine eigenen Wurzeln. Die religiös-weltanschauliche Neutralität Deutschlands bedeutet keine Wertneutralität aller staatlichen Ordnung. Immer dann, wenn sich politisch Verantwortliche bemüht haben, auf christlicher Wertegrundlage Fundamente zu schaffen, waren sie erfolgreich. So herrschte bei den Gründervätern und Gründermüttern der Bundesrepublik Deutschland die Überzeugung vor, dass der Abfall von Gott den Weg freigemacht habe für ein schrankenloses Machtsystem von tiefster menschlicher Erniedrigung: die nationalsozialistische Gewaltherrschaft. Die Väter und Mütter des Grundgesetzes haben den Mut gehabt, in eindeutiger Klarheit die entscheidende Überschrift des Grundgesetzes zu formulieren: „Die Verantwortung vor Gott und den Menschen." Heute wird Anstoß daran genommen. Vor wenigen Jahren fand sich keine Mehrheit in der neuen schleswig-holsteinischen Verfassung, den Gottesbezug zu verankern. Kreuze in öffentlichen Behördenräumen in Bayern werden zum Krisenfall, Gipfelkreuze auf bayerischen Bergen werden in Werbeprospekten für den arabischen Markt wegretuschiert. Wie das richtige Verhältnis zwischen Politik und Kirche in geglückter Weise aussehen kann, hat Papst Benedikt XVI. in seiner historischen Rede vor den Abgeordneten des Deutschen Bundestages am 22.09.2011 formuliert, indem er die Grundlagen einer erfolgreichen und für die Menschen glücklichen Politik in Europa benannte.

Der heilige Papst Johannes Paul II. gab einer Gruppe von Bundestagsabgeordneten, der ich angehören durfte, 1995 bei einem Besuch in Rom eine Botschaft mit: „Der Zusammenbruch totalitärer Systeme in Europa erfordert eine gründliche Erneuerung der politischen Handlungsweise. Ihnen kommt es bei Ihrer Stellung zu, mitzuhelfen, dass Europa seine Wurzeln wiederfindet und nach dem Maßstab seiner Ideale und seines Edelmuts seine Zukunft aufbaut."

Besser kann man es nicht ausdrücken.

Gemeinsamkeiten schaffen –
sich über Deutschland freuen

Nach den Zerstörungen des Zweiten Weltkrieges und den furchtbaren Verbrechen der Nationalsozialisten war Deutschland in der Völkergemeinschaft geächtet. Die Städte waren verwüstet und kaum einer wollte mit unserem Land etwas zu tun haben. Aber Deutschland hat aus der Vergangenheit gelernt und sich wieder Achtung erworben. Bemerkenswerterweise gilt Deutschland, nach einer Umfrage der berühmten BBC, seit vielen Jahren als eines der beliebtesten Länder weltweit, es erreichte hier im vergangenen Dezennium mehrfach die Spitzenposition.

Sich freuen hat nichts damit zu tun, die Vergangenheit zu vergessen, sie zu relativieren, Erinnerungen auszulöschen oder gar die Geschichte umzuschreiben.

Dennoch haben Deutschland und die Menschen in Deutschland seit 1945 Erstaunliches geschafft, was uns nach Kriegsende kaum jemand zugetraut hätte:

– Im Wirtschaftswunder wurde das „Auferstanden aus Ruinen", wie es im Text der früheren DDR-Hymne von Johannes R. Becher heißt, umgesetzt. Vor allem in Westdeutschland gelang unter schwierigsten Umständen ein weltweit anerkannter Wiederaufbau der Städte und der Infrastruktur sowie die Schaffung von Arbeitsplätzen, während Ostdeutschland unter Reparationen und Demontage zu leiden hatte. Schlussendlich war der Wohlstand in Westdeutschland größer denn je, die Zahl der einheimischen Arbeitskräfte reichte nicht aus und es erfolgte eine Anwerbung mit anschließender Migrationswelle aus dem Ausland, um weiterhin wirtschaftliche Prosperität zu sichern. Städte in Deutschland, die nach dem Ende des Zweiten Weltkriegs mit den Blicken von einem Ende zum anderen durchmessen werden konnten, da in ihnen kein vollständiges Bauwerk mehr stand, wurden wieder aufgebaut. Die soziale Marktwirtschaft erwies sich nicht nur in Deutschland als äußert erfolgreich, sondern als der bestimmende Exportartikel für politische Konzeptionen weltweit. Und Deutschland schwor jeglicher militärischer Gewalt ab. Es konnte sich hinter den Vereinigten Staaten von Amerika kleinmachen, war aber gleichwohl bereit, durch die Bundeswehr einen Friedensbeitrag in beträchtlichem Umfang zu leisten.

– Die Eingliederung vieler Millionen vertriebener und geflüchteter Menschen aus dem deutschen Osten und aus vielen Teilen anderer Staaten ist geglückt, und das bei ungünstigsten Voraussetzungen nach einer totalen Niederlage und einem weitgehend zerstörten Deutschland. Die bayerische Staatsregierung fasste in einer Entschließung für den Bundesrat am 11.07.2003 die Dimension von Vertreibung und Eingliederung so zusammen: „Die Tragödie von Deportation, Flucht und Vertreibung von rund 15 Millionen Deutschen aus ihrer Heimat in der Folge des Zweiten Weltkrieges zählt zu den folgenschwersten Einschnitten in der Geschichte unseres Volkes überhaupt (…).“ Unrecht und Tragödie dieses Ausmaßes werden auch dadurch nicht geringer, dass vorher schweres Unrecht von deutscher Seite geschehen ist. Jedes Unrecht ist für sich allein zu bewerten. Gleichzeitig forderte die damalige Bayerische Staatsregierung am 05.08., den Tag der Unterzeichnung der Charta der deutschen Heimatvertriebenen zu einem nationalen Gedenktag für die Opfer von Vertreibung zu bestimmen.

Ein nationaler Gedenktag als Innehalten und Versöhnung. Versöhnung für die Menschen in Deutschland, aber auch mit den anderen Staaten in Europa. Die Charta der Heimatvertriebenen aus dem Jahre 1950 gehört zu den entscheidenden Dokumenten der jungen Bundesrepublik Deutschland. Die Charta ist deshalb von so historischer Bedeutung, weil sie 1950 innenpolitisch radikalen Versuchungen den Boden entzog und außenpolitisch einen Kurs der europäischen Einigung und Versöhnung unter Einbeziehung der mittel- und osteuropäischen Nachbarn vorbereitete. Deshalb hieß es damals in der Charta: „Wir werden jedes Beginnen mit allen Kräften unterstützen, das auf die Schaffung eines geeinten Europas gerichtet ist, in dem die Völker ohne Furcht und Zwang leben können." Und weiter: „Wir Heimatvertriebenen verzichten auf Rache und Vergeltung. Dieser Entschluss ist uns ernst und heilig in Gedenken an das unendliche Leid, welches im Besonderen das letzte Jahrzehnt über die Menschen gebracht hat." Deutschland kann sich freuen, die Vertriebenen nicht nur aufgenommen zu haben, sondern auch allen revanchistischen Versuchen widerstanden zu haben. Deutschland kann sich ebenso freuen, dass die Vertriebenen echte Brückenbauer waren und sind, wir können froh sein, dass viele Vertriebene und deren Nachfahren nicht nur Interesse an der Geschichte ihrer ursprünglichen Heimat haben, sondern mit Sympathie und Herzenswärme Anteil nehmen an den heutigen Entwicklungen dieser Regionen und ein besonders großes Verständnis für die Zusammenarbeit einbringen.

— Das Verhältnis zu Israel galt nach dem Zweiten Weltkrieg zwar immer als ein besonderes, war aber nie als eine besonders nahe und enge Beziehung vorstellbar. Die Verbrechen der Nationalsozialisten galten als zu schrecklich, zu schlimm, zu singulär. Dennoch gelang es in Jahrzehnten, nach einem historisch einzigartigen Verbrechen, zu einer einzigartigen Kooperation zu kommen. Kaum jemand hätte sich das nach Entstehen der Bundesrepublik Deutschland vorstellen können. Heute verkündet die Bundeskanzlerin, dass die Sicherheit Israels aufgrund dieser einzigartigen Geschichte auch zum Staatsinteresse Deutschlands gehöre. Und was vielleicht noch bemerkenswerter ist: Viele junge Israelis besuchen gerne Berlin oder wohnen dort, der politische Austausch ist eng und intensiv. Was für eine unglaubliche Entwicklung.

– Und trotz vieler Schwierigkeiten: Das Zusammenwachsen des wiedervereinten Deutschlands war kein Fehlschlag. Ein britischer Unterhauskollege vertraute mir in kleinerem Kreis vor Jahren an: Nur die Deutschen könnten es schaffen, die wirtschaftlich und infrastrukturell im Jahre 1990 darniederliegenden neuen Bundesländer zu erneuern. Und, so fügte der britische Kollege hinzu: Die Menschen dort trügen keine Verantwortung für diese Verhältnisse.

Wer jetzt blühende Landschaften in Sachsen oder anderen neuen Bundesländern entdecken will, kann sie finden. Eine ungeheure Gemeinschaftsleistung. Wenn noch einiges zu tun bleibt, befindet sich dies außerhalb des Baus neuer Straßen und anderer Infrastruktur: der Respekt mancher ehemaliger Westdeutscher vor der enormen Leistung der Menschen von Sachsen bis Mecklenburg-Vorpommern, einen tiefgreifenden Systemwechsel zu gestalten. Statt real existierendem Sozialismus jetzt eine freiheitliche soziale Marktwirtschaft, das erforderte für die meisten eine völlige Umstellung, nicht nur der Lebenspläne.

Nicht falscher Stolz, aber doch die Gewissheit, vieles richtig gemacht zu haben, die Sonnenseite der Geschichte nach vielen Verwirrungen erreicht zu haben, schafft die Grundlage dafür, die schwierige und unübersichtliche Zukunft gestalten zu können, statt knieweich und zweifelnd vor den neuen gigantischen Herausforderungen zu verzagen und zu versagen. Deutschland hat als zentrale Wirtschaftsmacht in Europa Verantwortung für unseren Kontinent. Als Welthandels- und herausragende Exportnation haben wir ebenso Verantwortung für viele Staaten in unterschiedlichen Erdteilen. Unsere Erfahrungen des Wiederaufbaus, des Zusammenführens und der Eingliederung von vielen Millionen Vertriebenen sind wertvoll. Unsere Fähigkeiten, z. B. Umwelttechnologien durch herausragende Ingenieursleistungen zu entwickeln und einzusetzen, sowie neue Entwicklungschancen für viele arme Länder verringern die Risiken von Konflikten. Die Aufgaben anzunehmen mit einem Selbstbewusstsein, das sich nicht gegen jemanden richtet, sondern geprägt ist von geschichtlicher Erfahrung und der Zuversicht in das eigene Können, kann Gemeinsamkeit schaffen, die wir brauchen.

Demographie im Gleichgewicht

Deutschland nähert sich in seinem Altersdurchschnitt zunehmend dem Wert von 50 Jahren. Viele Staaten in Europa bewegen sich in eine ähnliche Richtung. Die Zahl der Geburten schrumpft und immer mehr Senioren und Rentner stehen einer zunehmend kleineren Gruppe von Kindern, Jugendlichen und vor allem Berufstätigen gegenüber. Besonders dramatisch entwickelt sich die Ungleichheit zwischen den Generationen in vielen Staaten Südeuropas, wie z. B. in Griechenland, Italien oder auch Spanien, während andere Länder, wie z. B. Frankreich oder das Vereinigte Königreich, deutlich günstigere Generationenbilanzen vorweisen. Das andere Extrem zeigt sich in Afrika, beispielsweise im Sudan. Dort liegt das Durchschnittsalter der Menschen bei rund 16 Jahren. Klar ist: Eine demographische Lage in Deutschland, welche aus dem Gleichgewicht gerät, lässt das Risiko einer Spaltung der Generationen wachsen, wenn nicht gar Schlimmeres erwarten. Die Konsequenzen zeigen sich jetzt schon vielfach: Junge Menschen fragen zunehmend nach, warum sie in die

Rentenkasse im Sinne eines Generationenvertrages noch ständig wachsende Zahlungen leisten sollen, während sie selbst später weniger bekommen werden, aber dafür länger arbeiten sollen. Seniorinnen und Senioren wiederum verweisen darauf, dass sie Erhebliches dazu beigetragen haben, Deutschland aus Schutt und Asche wiederaufzubauen, und ein blühendes Wirtschaftssystem an die nachfolgende Generation übergeben haben. Da wäre es ungerecht, diese Leistung nicht zu würdigen und diese Menschen stattdessen mit Abzügen zu bestrafen.

Allein, die Demographie ist unerbittlich. Auch wenn sich – vermutlich durch das Familiengeld – die Zahl der Geburten in Deutschland in den vergangenen Jahren etwas erhöht hat, bleibt es dabei: Jedes Jahr sterben 150 000 bis 200 000 Menschen in Deutschland mehr, als das Licht der Welt erblicken. Beispielsweise hat die deutsche Bevölkerung in den Jahren vom 31.12.2010 bis zum 31.12.2013 um nahezu 800 000 Personen abgenommen. Zwei atemberaubende Entwicklungen verändern Deutschland nachhaltig: die in der Öffentlichkeit alles andere verdrängende Diskussion über die Zuwanderung und der demographische Verfall unseres Landes. Wurden 1964 in den damals zwei deutschen Staaten noch 1,3 Mio. Babys geboren, betrug diese Zahl 2014 im wiedervereinigten Deutschland nur noch rund die Hälfte.

Verwunderlich und kaum zu erklären ist, warum die offizielle Politik sich als entscheidende nationale Zahlen für Deutschland im Wesentlichen auf das Wirtschaftswachstum, die Verschuldungsziffern und die Prozente der Arbeitslosigkeit konzentriert. Selbstverständlich sind diese drei Parameter von höchster Bedeutung. Aber am nachhaltigsten wirken die Geburtenzahlen. Andere Länder haben das längst erkannt. In der Vergangenheit haben deshalb beispielsweise die französischen Präsidenten anlässlich ihrer Neujahrsansprache die Zahlen zur Demographie immer besonders herausgestellt und dabei ihre Freude über jedes Kind geäußert, welches in Frankreich in den zurückliegenden zwölf Monaten das Licht des Lebens erblickt hatte.

Das Auseinanderdriften vieler Älterer und immer weniger Jüngerer verändert unser Land als stille Revolution in einer bisher nie da gewesenen historischen Weise. Der Wagemut unseres Landes, etwas Neues anzupacken, neue, nie da gewesene Wege zu beschreiten, sinkt, weil es weniger Junge gibt. Professionelles Abwarten mit einem hohen Maß an Lebenserfahrung wächst, weil die Zahl der Älteren wächst. Aber auch wird, ganz banal, die Anzahl derjenigen zunehmen, die im Alter besondere Fürsorge und Pflege benötigen, während die verfügbare Zahl derjenigen in Deutschland, die dazu in der Lage sind, eine solche zu leisten, schrumpft. Nach und nach erkennt man diese dramatische Entwicklung.

Nicht wenige pflegebedürftige Deutsche werden von Menschen aus Polen versorgt. Gleichzeitig pflegen junge Ukrainerinnen und Ukrainer ältere Menschen in Polen. Längst hat das zur Konsequenz, dass alte ukrainische Großeltern allein in ihren Dörfern zurückbleiben. Damit zeigt sich die Fragwürdigkeit eines solchen Systems der exportierten demographischen Labilität.

Zuwanderung löst nicht das demographische Ungleichgewicht und führt weltweit zu Migrationswellen. Zunächst profitieren die reicheren Staaten auf Kosten der ärmeren, später entstehen völlig anders geartete Schwierigkeiten: Wenn im Zusammenhang mit Zuwanderung die Zahl bei Migranten und vor allem auch der jüngeren Migranten deutlich mehr als die Hälfte der ortsansässigen Deutschen beträgt, führt das in der Realität nicht nur zu paradiesischem Zusammenleben. In München beträgt die Zahl der jungen Menschen bis 15 Jahre mit Migrationshintergrund bereits deutlich über 50 Prozent in ihrer Altersgruppe. Nur mit großem Engagement vieler Ehrenamtlicher lässt sich noch ein akzeptables Zusammenleben finden.

Dennoch fordern viele Stimmen eine neue und zusätzliche Zuwanderungen mit der Begründung, die Arbeitsplätze könnten nicht mehr besetzt werden. Das ist richtig, allerdings dürfen dabei die Konsequenzen nicht vernachlässigt werden. In einer Gesamtschau nur auf zusätzliche Arbeitskräfte zu blicken und Familiennachzug, Wohnungsbedarf sowie den Neubau von Infrastruktur zu vernachlässigen, wäre eine buchstäbliche Milchmädchenrechnung. Wir verfügen über Zuwanderungsbilanzen aus den 1960er bis 1990er Jahren des vergangenen Jahrhunderts, als Arbeitnehmer zunächst angeworben wurden, nach kurzer Zeit aber ihre Familie nachholten. Eine Gesamtbilanz, die Integrationskosten für nachziehende Familienangehörige, Deutschunterricht sowie die bekannten Finanzaufwendungen aus der Zuwanderung der sogenannten Gastarbeitergeneration berücksichtigt, darf seriöserweise nicht außen vor bleiben. Privatisierung des Zuwanderungsnutzens bei gleichzeitiger Sozialisierung der Zuwanderungsaufwendungen war schon im vergangenen Jahrhundert kein Erfolgsmodell für Deutschland.

Hinzu kommt, dass der Altersaufbau Deutschlands weiter denn je von der früher bekannten Bevölkerungspyramide entfernt ist und sich in Richtung eines ausgefransten Pilzes entwickelt. Mit einer Auffälligkeit: In der Altersgruppe der 20- bis 30-jährigen Männer ist eine erhebliche Besonderheit zu verzeichnen. Durch die Aufnahme von überwiegend männlichen Flüchtlingen leben beispielsweise in der Altersgruppe der 20- bis 30-Jährigen etwa gleich viel männliche Flüchtlinge in Deutschland wie hier geborene Deutsche, während die Zahl der geflüchteten Frauen sehr gering ist. Das heißt: Eine erhebliche Zahl junger Männer wird aller Voraussicht nach keine Frau in Deutschland finden, weil es sie schlichtweg nicht gibt. Historisch gesehen ist dies keine gute Perspektive für ein Zusammenleben ohne jede Art von Komplikationen, sondern das Gegenteil. Warum Chinas bestgehütetes Geheimnis das Ungleichgewicht zwischen junger männlicher und weiblicher Bevölkerung ist, braucht nicht zu wundern. Die frühere Ein-Kind-Politik hat zu einem gravierenden Männerüberschuss in einer Größenordnung von Millionen geführt. Eine Entwicklung, welche China auch aus Gründen der inneren Stabilität ändern möchte. Für Deutschland hat sich eine Behörde mit untadeligem Ruf erlaubt, beispielsweise am 20.01.2016 in aller Vorsicht darauf hinzuweisen, was die wirklichen Probleme sind: „Alterung der Bevölkerung durch aktuelle hohe Zuwanderung nicht umkehrbar", formulierte das Statistische Bundesamt kurz und knapp. Um einen Ausgleich bei der aktiven Erwerbsbevölkerung in der Gruppe von 20 bis 66 Jahren zu erreichen, wäre eine ungeheure Zuwanderungszahl notwendig. Diese Migranten müssten zugleich auch bestens ausgebildet sein und über ideale Integrationseigenschaften verfügen. Vor allem wäre es vorteilhaft, wenn sich die Zuwanderer einigermaßen harmonisch in alle Altersgruppen und Geschlechterverteilungen einfügten. Die Realität ist aber: Es kommen zu uns wenig ältere, sondern zu 80 Prozent junge Männer im Alter bis 30 Jahre und kaum junge Frauen.

Diese Asymmetrie in der Zuwanderung nicht wahrzunehmen wäre verhängnisvoll. Denn die Integrationsanforderung verdichtet sich auf wenige Alterskohorten und stößt damit an Grenzen. Noch gelingt Integration in den meisten deutschen Großstädten, aber wie wird die Integration ohne Brüche und Konflikte noch möglich sein, wenn die Zahl der Menschen mit deutscher Herkunft in bestimmten Altersgruppen und Städten in eine Minderheit verwandelt wird?

Um eine Interessensspaltung zwischen Jung und Alt zu vermeiden, bedarf es einer demographischen Offensive. Nicht um einen Geburtenüberschuss zu erzielen, sondern um eine Demographie im Gleichgewicht zu schaffen.

- Die richtigen Schritte dazu liegen auf der Hand: eine breitgefächerte Kampagne aller Gutwilligen in unserem Land, um aus einem kinderentwöhnten Deutschland einen kinderfreundlichen Staat zu machen.
- Dazu braucht man ehrliche Zukunftshoffnungen und realistischen Optimismus, nicht unablässiges berufsmäßiges Bedenkentragen. Die Chancen sind gut, denn Deutschland ist in hervorragender wirtschaftlicher Verfassung und die Chancen auf einen Arbeitsplatz, jetzt für die Eltern und später für die Kinder, waren selten so gut.

– Das demographische Gleichgewicht muss als nachhaltige Querschnittsaufgabe in allen Politikbereichen institutionalisiert werden, wie das in der Umweltpolitik bereits hervorragend gelungen ist. Entscheidungen etwa in der Wohnungs- und Sozialpolitik müssen stets auf ihre Wirkungen im Hinblick auf Familien nicht nur geprüft, sondern auch justiert werden.

– Vor allem bedarf es des Neuabschlusses eines Generationenvertrages, der diesen Namen verdient. Denn der bisherige wird von Jahr zu Jahr brüchiger. Die Berücksichtigung von Erziehungsleistungen im Rentenrecht ist ein richtiger Schritt, notwendig ist aber eine Synchronisierung von Renteneintrittsalter und Geburtenzahlen.

Mit gutem Willen kann es auch gelingen, die finanziellen Grundlagen von Familien und Kindern deutlich zu verbessern. Derzeit existiert eine Vielzahl von unterschiedlichsten Leistungen für Familien, auch wenn Streit über die Definition dieser Leistungen herrscht. Die meisten Experten gehen hier von rund 160 Leistungsarten aus. Wie wäre es, wenn man dieses hohe Maß an Einzelfallgerechtigkeit, aber gleichzeitig auch von Unübersichtlichkeit bündeln würde auf drei Autobahnen:

1. Direkte staatliche Transferleistungen an Familien, wie z. B. Kindergeld, aber auch Familiengeld und viele andere direkte Zahlungen.
2. Steuerliche Erleichterungen und besondere Absetzbarkeiten.
3. Vergünstigungen für Familien in den sozialen Sicherungssystemen von Rente über Kranken- und Pflege- bis zur Arbeitslosenversicherung.

Selbstverständlich würde eine solche umfassendere Reform Mut erfordern, aber die Erträge aus deutlich verringerter Bürokratie könnten sofort und unmittelbar den Familien zugutekommen, ohne einen einzigen zusätzlichen Euro aus der Steuerschatulle.

Letztendlich gilt es, die Erziehungsleistung im Beruf anzuerkennen. Die politische Diskussion hat sich zuletzt ausschließlich mit einer Quotenforderung von Frauen, vor allem in beruflichen Aufstiegs- und Spitzenämtern, verheddert und verzopft. Selbstverständlich gilt in Deutschland Gleichberechtigung der Geschlechter und alles andere unter dem jetzt folgenden Vorschlag zu vermuten wäre ein böswilliger Versuch des bewussten Missverständnisses. Die Abiturnoten vieler junger Damen sind mittlerweile durchschnittlich deutlich besser als die der jungen Männer. Deshalb wird beispielsweise für das begehrte Medizinstudium mit allerlei Vergabevorschriften versucht, bei den Geschlechtern der Studienanfängerinnen und Studienanfänger in etwa eine Parität sicherzustellen. Ohne diese Kniffe würden die jungen Damen nahezu ausschließlich die künftigen Mediziner stellen, denn in Leistungsfähigkeit sowie Ausbildungserfolg sind sie im Medizinstudium vielfach ihren männlichen Geschlechtsgenossen enteilt. Gleichwohl bleiben Frauen in Führungspositionen deutlich unterrepräsentiert. Es lohnt sich, die Ursache auch zu suchen in den Unterbrechungszeiten für Kindererziehung. Erziehungsurlaub erschwert in vielen Fällen den Aufstieg aufgrund von Abwesenheit im Unternehmen oder Betrieb. Oder es ergibt sich ein deutlicher Nachteil, wenn feste Abholzeiten von Kinderkrippen mit einer Einsetzbarkeit von Mitarbeiterinnen an Abend- oder späten Nachmittagsstunden kollidieren. Wer also jungen Müttern und jungen Vätern Gerechtigkeit widerfahren lassen will, sollte den Fokus auf die Elterneigenschaft richten, welche in vielen Fällen diskriminiert. Statt Frauenquote wäre eine Elternquote, eine Mütter- und Väterquote ein Zugewinn an Gerechtigkeit.

Versöhnung braucht Erinnerung

Deutschland mit seinen Geschichtsbrüchen braucht mehr denn je die Erinnerung. Eine Erinnerung, welche die schlimmen Kapitel in unserer Geschichte nicht verschweigt und mit dem singulären Ereignis der nationalsozialistischen Schreckensherrschaft offen umgeht, aber sich auch an den Glücksmomenten unserer gemeinsamen Geschichte erfreuen kann.

Die Erinnerung, das Gedenken und die Scham über die unheilvollsten Jahre deutscher Geschichte, die Zeit der Naziherrschaft von 1933 bis 1945, zählen heute zur Staatsräson der Bundesrepublik Deutschland. Das ist gut so. Nur ewig Unverbesserliche lehnen die Aufarbeitung und die Erinnerung dieses Teils der deutschen Geschichte ab.

Für die Zukunft wird es darauf ankommen, Erinnerungen an die Naziherrschaft nicht routinemäßig abzuwickeln, sondern aktuell zu gestalten, das „Nie-wieder" in einen Gegenwartsbezug zu setzen. Unser Land darf aber auch nicht vergessen, dass wir 1989 nach vielen Jahrzehnten der geschichtlichen Verwirrungen auf der Sonnenseite der Geschichte angekommen sind und sich seither alle Deutschen aus Ost und West als Glückskinder der Freiheit fühlen können. Weil in einer Sternstunde der Freiheitsgeschichte am 09.11.1989 die unmenschlichste Grenze der Welt verschwand, die zuvor über viele Jahre Berlin, Deutschland und Europa mit Stacheldraht, Minen, Todesfallen, Wachtürmen und Schießbefehlen zerteilt hatte.

136 Menschen wurden an der Berliner Mauer unmittelbar getötet. 251 Reisende starben während oder nach Kontrollen an Berliner Grenzübergängen. 1347 Menschen verloren ihr Leben an der innerdeutschen Grenze.

Am 15. Juni 1661 sagte Walter Ulbricht auf einer internationalen Pressekonferenz: „Niemand hat die Absicht, eine Mauer zu errichten!" Und im Jahre 1989 äußerte Erich Honecker: „Die Mauer [...] wird in 50 und auch in 100 Jahren noch bestehen bleiben." Wir alle wissen: Der erste Satz von Walter Ulbricht war gelogen und die zweite Aussage von Erich Honecker war eine Fehleinschätzung.

Am 09.11.1989 änderte sich alles. Damals, am 9. November tagte der Deutsche Bundestag noch in Bonn. Es war bereits später Abend, als eine Agenturmeldung hereingereicht wurde. Unruhe entstand im Saal, weil in dieser Meldung Unglaubliches zu lesen stand: Menschen aus dem östlichen Teil Deutschlands, aus der Mitte Deutschlands, sollten in den Westen reisen können und sie täten dies auch. Zögernd und zunächst ungläubig nahmen die Abgeordneten diese Nachricht auf, um dann aufzustehen und gemeinsam die deutsche Nationalhymne, das Deutschlandlied, zu singen.

Die deutsche Wiedervereinigung war ein Triumph der Freiheit. Möglich wurde dieser Triumph durch den Mut und die Entschlossenheit der Menschen in der damaligen DDR, die sich überall in den Städten und Gemeinden gegen die Diktatur erhoben. Sie ließen sich nicht durch Drohungen und Gewalt einschüchtern, als sie in Leipzig oder in Ostberlin erst den Machthabern zuriefen: „Wir sind das Volk", und dann der Diktatur entgegengeschleuderten: „Wir sind ein Volk".

Die Menschen in Deutschland standen aber nicht allein: Die Vereinigten Staaten von Amerika standen immer an unserer Seite. Es war der US-amerikanische Präsident Ronald Reagan, der 1987 in Berlin den prophetischen Satz aussprach: „Herr Gorbatschow, reißen Sie diese Mauer ein." Es waren die Vereinigten Staaten von Amerika, die über Jahrzehnte zuvor mit Standfestigkeit die Freiheit Westberlins und Deutschlands verteidigt hatten, ohne sich durch Drohungen und Einschüchterungen beirren zu lassen. Zunächst mit der Organisation der legendären Luftbrücke nach Berlin gemeinsam mit den anderen Alliierten und später mit der Durchsetzung des NATO-Nachrüstungs-Doppelbeschlusses. Heute wissen wir: Nicht das Nachgeben und der Rat vieler Wohlmeinender, auf die sogenannte Nachrüstung zu verzichten, haben Frieden bewahrt und Freiheit geschaffen, sondern das mutige Standhalten.

Voraus ging die Freiheitsbewegung der Menschen in Polen, die in der Solidarność-Bewegung der Unterdrückung im Osten Europas zuallererst den Kampf angesagt hatten.

Und ich denke, niemand in Deutschland vergisst den Beitrag der Ungarn, die im Sommer 1989 die Stacheldrahtgrenze öffneten und mit dem legendären Picknick bei Sopron/Ödenburg den Eisernen Vorhang ins Wanken brachten.

Auch ohne Michail Gorbatschow und seine weitsichtige Politik wäre die deutsche Einheit nicht möglich gewesen. Und an dieser Stelle ist es mehr als angemessen, an Helmut Kohl, den Vater der deutschen Einheit, zu erinnern. Helmut Kohl hat im richtigen Augenblick mutig, maßvoll und entschlossen das historisch schmale und nur kurz offene Fenster für die Herstellung der deutschen Einheit genutzt.

Er konnte das tun, weil viele in Deutschland niemals den Glauben an die deutsche Einheit aufgegeben hatten. Der frühere Bundeskanzler Willy Brandt brachte seine Freude über die deutsche Einheit in seinem berühmten Ausspruch zum Ausdruck: „Jetzt wächst zusammen, was zusammengehört.“

Franz Josef Strauß hat immer für die Einheit gekämpft, sie aber nicht mehr erlebt. Dass in einer Nacht 2800 Kilometer an Sperrzäunen und 270 Kilometer an Grenzmauern, der Eiserne Vorgang, sowie die größte Waffenansammlung, die Europa in den letzten Jahrzehnten gesehen hatte, mit Flugzeugen, atomarer Bewaffnung und konventionellen riesigen Waffensystemen, in sich zusammenbrachen und heute verschwunden sind, ohne einen einzigen Schuss, ohne die Verletzung nur eines einzigen Menschen – dafür gibt es in der Tat nur eine Beschreibung: Das war ein Wunder. Wunder sind auch noch in unserer Zeit möglich. Sie sind dann möglich, wenn die Menschen an die Freiheit und an die Menschenwürde glauben. Wunder sind möglich, weil Mauern und Diktaturen keinen dauerhaften Bestand haben. Wunder sind möglich, wenn Menschenrechte attraktiv über alle Grenzen hinweg leuchten.

Der 9. November zeigt aber zugleich wie kein anderes Datum zwei Seiten der deutschen Geschichte. An diesem Schicksalstag für Deutschland öffnete sich am 9. November 1938 mit der sogenannten Reichspogromnacht das finsterste Kapitel in der deutschen Geschichte. Mit dem Sturm auf jüdische Einrichtungen begannen die Nationalsozialisten vor den Augen der Welt ihre monströsen Verbrechen.

Der 9. November hat deshalb einen besonderen Vermächtnischarakter: Nie wieder Unrecht hinzunehmen, die Würde eines jeden Menschen immer zu achten. Es lohnt sich, die Freiheit zu verteidigen.

Nun bedrohen Terroristen heimtückisch und abscheulich die Freiheit und die Menschenrechte, ja die Zivilisation insgesamt. Alle Menschen, die sich der Menschenwürde verpflichtet fühlen, wissen: Statt knieweicher Resignation vor Gewalttaten brauchen wir Durchhaltevermögen und Entschlossenheit. Der Fall der Berliner Mauer zeigt, auch wenn es oft viele Jahre dauern mag: Die Freiheit wird sich gegen die Unmenschlichkeit durchsetzen. Deshalb müssen alle zivilisierten Staaten zusammenstehen gegen einen menschenverachtenden Terrorismus.

Der ungarische Literaturnobelpreisträger Imre Kertész hat das Wunder der deutschen Einheit mit Dichterworten wie folgt beschrieben: Die deutsche Einheit begann mit Tanzschritten und wenn diese Schritte später auch ein wenig schwerer wurden, der Anfang bleibt für immer unvergesslich. Wenn eine Nation ihre Freiheit zurückgewinnt, lächelt für einen Augenblick die ganze Welt.

Versöhnung durch große gemeinsame Ziele

So unersetzlich die gemeinsame Erinnerung bleibt, um zusammenzukommen, sie genügt eindeutig nicht. Erst die Verständigung über gemeinsame große Ziele schafft Zusammenhalt und kann Versöhnung bewirken.

Der „amerikanische Traum", wie unscharf seine exakte Definition auch sein mag, bleibt das entscheidende und verbindende Narrativ der Amerikanerinnen und Amerikaner. Deutschland braucht keinen nationalen Traum. Aber Deutschland braucht sehr wohl eine Verständigung darüber, welche Aufgabe und welchen Auftrag wir im europäischen Einigungsprozess übernehmen können und müssen und wie wir mit Afrika, unserem Schicksalsnachbarkontinent, umgehen. Und selbstverständlich lohnt es sich nicht nur, eine Debatte zu führen, sondern auch zu einer gemeinsamen Zielvereinbarung darüber zu kommen, mit welchen Fähigkeiten und welchem Potenzial wir in Deutschland etwas tun können, um die Welt zu verbessern. Dahinter versteckt sich nicht eine Weltrettungsfantasie, sondern der Einsatz technischer und sozialer Fähigkeiten aus

Deutschland, welche sich bewährt haben und für viele andere Länder ein Gewinn sein können.

Und selbstverständlich sollten wir uns die Frage stellen: Welche entscheidenden Ziele, welche großen Vorhaben wollen wir für uns in unserem eigenen Land verwirklichen?

Für Europa

Aus der Geschichte unseres Kontinentes, aus der Geschichte Deutschlands, aus der demographischen Mittellage im Herzen Europas mit der größten Zahl von Nachbarländern heraus muss Europa unser Herzensanliegen sein. Der Hauptauftrag der europäischen Einigung lautet Friedenssicherung. Und dieser Auftrag und diese Ziele sind in eindrucksvoller Weise in den vergangenen siebzig Jahren erreicht worden, während in den Jahrhunderten zuvor schreckliche Kriege unser Land verwüsteten und im 20. Jahrhundert zwei Weltkriege, die letztlich auch den Charakter europäischer Bürgerkriege trugen, bis dahin nie da gewesenes Leid verursacht haben. Dennoch halten Parteien bei uns in Deutschland die Europäische Union für überflüssig und sogar eine der tragenden Säulen Europas, das Vereinigte Königreich, Großbritannien, verabschiedet sich und will den europäischen Traum nicht weiterträumen. Mit dem Austritt des Vereinigten Königreiches aus der Europäischen Union, dem Brexit, vollzieht sich ein Prozess der Selbstverstümmelung, der Amputation Europas. Ein tragender Pfeiler unseres Europas wird herausgebrochen. Die Menschen auf der Insel meinten mit knapper Mehrheit, dass sie sicherer und besser leben können ohne die Europäische Union. Damit stellen die Briten die Existenzfrage für Europa.

Die Unzulänglichkeiten Brüsseler Politik sind hinlänglich bekannt und ausführlich diskutiert worden. Die latente Fehlerhaftigkeit bei der Konstruktion der gemeinsamen Eurowährung auch.

Was Europa jetzt braucht, ist eine neue Sinnhaftigkeit. Neue Sinnhaftigkeiten brauchen jedoch nicht erst künstlich konstruiert zu werden, sondern sie liegen auf der Hand. Die Sicherung der EU-Außengrenzen wird auch von EU-Skeptikern als notwendig erachtet. Darauf einen großen Teil der Kräfte zu konzentrieren und in einem absehbaren raschen Zeitablauf ein europäisches Grenzregiment zu errichten, welches diesen Namen auch verdient, sollte der EU neuen Schwung verleihen und zusätzliche Zustimmung bringen.

Zu den Sinnhaftigkeiten zählen zudem die Achtung und der Respekt gerade gegenüber den kleineren Mitgliedstaaten. Für sie ist beispielsweise die eigene Nationalsprache ein besonders herausragendes Identifikationsmerkmal. Während im Umweltschutz die Diversität eine unbestrittene Maxime geworden ist, fehlt dem offiziellen Brüssel das Gespür für den Reichtum unseres Kontinents: seine Sprachenvielfalt. Die Pflege und die Übersetzungen von unterschiedlichsten europäischen Sprachen kosten Geld, viel Geld und benötigten jede Menge Ressourcen. Wer aber die Grundlagen Europas verstehen will, darf die Vielheit seiner Sprachen nicht diskriminieren.

Und es schadet nicht, eher die geschichtliche und kulturelle Verbundenheit als europäisches Momentum ins Zentrum zu rücken als die eine oder andere Verordnung, welche in manchen Mitgliedsländern als unzulässiger Eingriff empfunden wird.

Was Europas Reichtum, sein Faszinosum entscheidend prägt, sind die Menschenrechte, die Würde und Einzigartigkeit eines jeden einzelnen Menschen mit unveräußerlichen Rechten. Und diese Menschenrechte haben Wurzeln. Diese Wurzeln haben mit einer gemeinsamen christlichen Geschichte zu tun.

Für den aus Bayern und Deutschland stammenden Kardinal Ratzinger und späteren Papst Benedikt XVI. war Europa immer ein Herzensanliegen. Der Name Benedikt ist bereits ein europäischer Programmsatz. Der heilige Benedikt von Nursia war einer der Baumeister eines Europas in geistlicher und kultureller Einheit. Mit den Klostergründungen der Benediktiner entstand maßgeblich die Wirklichkeit, die wir heute Europa nennen. Als geborener Münchner darf ich das sagen: Das Entstehen einer bayerischen Staatlichkeit in der Geschichte wäre ohne die Klostergründungen mehr als fraglich gewesen. Benediktinerklöster haben Bayerns Identität in den letzten Jahrhunderten im ersten Jahrtausend nach Christus erst ermöglicht. Oder zugespitzt formuliert: Ohne Klöster gäbe es kein Bayern.

Als damaliger Präfekt an der Spitze der Glaubenskongregation hielt Kardinal Ratzinger im November 2000 in der Bayerischen Landesvertretung in Berlin eine prophetische Rede zum Thema „Europas Kultur und ihre Krisen". Dabei beschrieb er die Grundlagen Europas durch das Mönchtum: „Schließlich das Mönchtum, das in den großen Erschütterungen der Geschichte der wesentliche Träger nicht nur der kulturellen Kontinuität, sondern vor allem der grundlegenden religiösen und sittlichen Werte [...] geblieben ist und als vorpolitische und überpolitische Kraft auch zum Träger der immer wieder nötigen Wiedergeburten wurde."

Damals im Jahr 2000 erregte die Konzeption einer europäischen Verfassung, die Charta der Grundrechte der Europäischen Union, die interessierte Öffentlichkeit. Heute wissen wir, dass die Grundrechtecharta eine sehr überschaubare Wirkung in Europa entfaltet hat, wobei aber ihr Grundansatz richtig war. Europa kann nicht nur eine Wirtschaftsgemeinschaft bleiben, eine geschäftsmäßige Organisation von Nationen, die Handel treiben, ihren Vorteil suchen und gemeinsame Werte ganz weit hintanstellen. Und exakt diese Werte mahnte der damalige Kardinal Ratzinger an im Hinblick auf die damals schon erkennbaren krisenhaften Zuspitzungen von Europas Zukunft und die gleichzeitig ungebrochene Attraktivität unseres Kontinents. Erwartungen aus vielen anderen Kulturen, Europa möge nicht nur wirtschaftlich und technologisch, sondern vor allem mit seinen Werten die Welt retten, formulierte Kardinal Ratzinger seherisch: „Europa scheint in dieser Stunde seines äußeren Erfolges von innen her leer geworden, gleichsam von einer lebensbedrohenden Kreislaufkrise gelähmt, sozusagen auf Transplantate angewiesen, die dann aber doch seine Identität aufheben müssen. Diesem inneren Absterben der tragenden seelischen Kräfte entspricht es, dass auch ethnisch Europa auf dem Weg der Verabschiedung begriffen erscheint. Es gibt eine seltsame Unlust an der Zukunft. Kinder, die Zukunft sind, werden als Bedrohung der Gegenwart angesehen …“

In seiner historischen Rede vor den Abgeordneten des Deutschen Bundestages am 22.09.2011, die sich letztlich an alle Parlamentarier weltweit gerichtet hat, benannte Papst Benedikt die Grundlagen einer erfolgreichen und für die Menschen glücklichen Politik in Europa: „An dieser Stelle müsste uns das kulturelle Erbe Europas zu Hilfe kommen. Von der Überzeugung eines Schöpfergottes her ist die Idee der Menschenrechte, die Idee der Gleichheit aller Menschen vor dem Recht, die Erkenntnis der Unantastbarkeit der Menschenwürde in jedem einzelnen Menschen und das Wissen um die Verantwortung der Menschen für ihr Handeln entwickelt worden. Diese Erkenntnisse der Vernunft bilden unser kulturelles Gedächtnis. Es zu ignorieren oder als bloße Vergangenheit zu betrachten, wäre eine Amputation unserer Kultur insgesamt und würde sie ihrer Ganzheit berauben."

Dieser Rat von Papst Benedikt ist mehr als nur ein Geländer für europäische Politik, an dem man sich dann und wann festhalten kann. Vielmehr sind die von Benedikt benannten Grundlagen eine feste belastbare Treppe in eine sichere Zukunft.

Bei nüchterner Betrachtung ergeben sich für Europa folgende Konsequenzen:

- Europa muss sich dazu bekennen, vor allem eine Wertegemeinschaft zu sein, nicht nur eine reine Allianz von geografischen und geopolitischen Interessen. Und zwar eine Wertegemeinschaft jenseits aller wirtschaftlichen Notwendigkeiten. Der Anstieg des Bruttoinlandsprodukts in der EU darf nicht einhergehen mit der asymmetrischen Geringschätzung der Würde des Menschen. Der Würde des Menschen in allen seinen Phasen von der Geburt bis zum Tod, unabhängig von seiner Herkunft, seinem Einkommen und seinen Begabungen.

– Die entscheidenden Fundamente der Rechtsstaatlichkeit, der Meinungsfreiheit, der Pressefreiheit und der Religionsfreiheit sind nicht verhandelbar. Besonders bei der Beachtung der Religionsfreiheit blicken Millionen von Menschen nach Europa oder auch nach Nordamerika.

– Mehr Kompetenzübertragungen nach Europa können nur synchron mit der Entwicklung demokratischer Basisvoraussetzungen gelingen. Es kann nicht richtig sein, dass die Wahlstimme eines Maltesers für das Europäische Parlament zehnmal mehr Gewicht hat als die eines Franzosen, d. h., jede Stimme für die Wahl des Europäischen Parlaments muss gleiches Gewicht haben. Ob Mann oder Frau, ob Franzose oder Malteser, Deutscher oder Österreicher, Grundlage der Demokratie ist hier, in Englisch ausgesprochen: „One man – one vote".

– Die Menschen in Europa, in den Mitgliedstaaten der Europäischen Union müssen wissen: Europäisches Recht gilt für alle gleichermaßen, jedenfalls solange dieses nicht durch die europäischen Gesetzgeber aufgehoben wird. Gerechtigkeit beginnt und endet mit der gleichen konsequenten Anwendung und Durchsetzung europäischer Regeln und Gesetze europaweit.

Konkret bedeutet das: Das Dublin-II- und das Dublin-III-Abkommen, die die Zuständigkeit der EU-Mitgliedstaaten für Asylanträge regeln, gelten in Griechenland wie in Deutschland, in Spanien und Italien wie in den Beneluxstaaten. Und die Maastricht-Kriterien für den Beitritt eines Landes zur Währungsunion sind für Deutschland und Frankreich ebenso verbindlich wie für Spanien oder Italien.

Für Afrika

Afrika ist Schicksalsnachbarkontinent für Deutschland und Europa gleichermaßen. Mehr als jemals zuvor wird Afrika, werden die Menschen in Afrika Europa und Deutschland beeinflussen. Und schon heute steht fest: Wenn es den Menschen in Afrika künftig schlecht geht, dann wird es den Menschen in Deutschland und Europa nicht gut gehen können. Und die Entwicklung zwischen Europa und Afrika läuft alles andere als synchron. Besonders drastisch zeigt die jeweilige demographische Entwicklung die Gegensätze: Während Europas Bevölkerung zunehmend demographisch implodiert, steigt die Zahl der Babys, die das Licht der

Welt in Afrika erblicken, deutlich an. Im Jahr 2019 wird es wieder mindestens 10 Mio. mehr junge Afrikanerinnen und Afrikaner geben. Während Europa vergreist. Experten schätzen, dass Nigeria in 25 Jahren so viele Einwohner haben wird wie das gesamte Europa, nämlich zusammengerechnet rund 500 Mio. Ägypten wird sich von 100 Mio. auf 200 Mio. Einwohner verdoppeln. Der Sudan von 35 auf 70 Mio. und Äthiopien von 100 auf 200 Mio. Keine Experten braucht es, um sich auszumalen, was für Herausforderungen diese neue große Zahl von jungen Menschen für Infrastruktur, Straßen, Verkehrsverbindungen aller Art, vor allem aber für die Energieversorgung darstellt. Zu Recht verweist Bundesminister Dr. Gerd Müller darauf, was es bedeuten würde, wenn Afrika im Wesentlichen auf eine Energieversorgung durch Kohleverstromung setzen würde: Alle europäischen Anstrengungen zur CO_2-Minderung wären vergebens.

Kein Staat in Europa, auch nicht die wirtschaftlich mächtige Bundesrepublik Deutschland ist in der Lage, allein die Herausforderungen für Afrika zu lösen. Es bedarf einer großen gemeinsamen europäischen Kraftanstrengung oder Europa wird es nicht mehr in der bisherigen Form geben.

Deutschland hat einen guten Ruf in Afrika. Vor allem auch, weil die koloniale Vergangenheit unfreiwillig vor mehr als hundert Jahren beendet worden ist.

Mit Ausnahme eines speziellen Teils Namibias wird Deutschland als Partner geschätzt und nicht nur akzeptiert, sondern meistens auch für die Kooperation gewünscht. Denn viele Verantwortungsträger in Afrika wissen, dass Deutschland zwar auch eigene Interessen verfolgt, aber eben nicht nur, sondern dass es auch die Gesamtverantwortung sieht.

Manche sprechen schon von „Eurafrika", um die gegenseitige Abhängigkeit zu beschreiben. Aber klar ist, Afrika kann weder von Europa noch von Deutschland gerettet werden, es kann sich nur selbst retten und entwickeln. Aber wir müssen einen Beitrag dazu leisten. Zusammengefasst heißt das: Partnerschaft auf ehrlicher Augenhöhe mit dem Ziel, eine nachhaltige Wertschöpfung in den Staaten Afrikas selbst zu fördern.

Dabei hilft es nicht, vor offenkundigen Schwierigkeiten die Augen zu verschließen:

1. Wenn in einigen afrikanischen Staaten deutsche Unternehmen Korruption ausgesetzt sind, ist das ein Hindernis, weil Korruption wie eine unberechenbare Sondersteuer wirkt. Der Wohlstand wird durch Korruption nicht gemehrt, sondern behindert.

2. Die Stammeszugehörigkeit spielt in manchen afrikanischen Ländern eine herausragende Rolle, auch weil nationale Grenzen vielfach in der schlimmen

Zeit des Kolonialismus gezogen worden sind. Wo Stammeskonflikte aber Freiheit und Frieden bedrohen, wird es keine gute Entwicklung geben, wie das Beispiel Südsudan zeigt.

3. Waren im zurückliegenden Jahrhundert noch Großprojekte wie riesige Stahlwerke en vogue, so will das heute niemand mehr. Die früheren Stahlwerke, die rasch vor sich hin rosteten, sind abschreckend genug. In den zurückliegenden Jahrzehnten versuchte man vor allem mit beispielhaften Projekten die Entwicklung zu steuern. Manche Illusion ist dabei zerplatzt, auch wenn es eine erhebliche Anzahl von vorzeigbaren Beispielen gibt.

Deshalb setzt die Bundesregierung jetzt zu Recht auf eine Partnerschaft, die auf einem Geben und Nehmen und vor allem auf dem Investment von Unternehmen vor Ort beruht. Entscheidende Eckpunkte sind Wertschöpfung und Ausbildung. Denn reine Hilfszahlungen zerstören die Kreativität der Menschen in Afrika.

Auch kostenlose Lebensmittelhilfe sollte auf den Notfall beschränkt bleiben. Der Aufbau einer funktionierenden Eigenversorgung in den meisten Ländern wird durch Lebensmittelimporte nicht gefördert.

Respekt und Augenhöhe bedeuten aber auch, dass keinem afrikanischen Staat westeuropäische Staatsmodelle aufgezwungen werden. Trotzdem dürfen Menschenrechte und Rechtsstaatlichkeit nicht als nachrangig betrachtet werden.

Deutschland, das viele Sympathie in den afrikanischen Staaten gewonnen hat, ist auf einem guten Weg, Wertschöpfung in Afrika zu schaffen, aber es könnte auch noch schneller gehen. Der Bestand an Investitionen von Deutschland in Afrika betrug 1993 2 Mrd. Euro. 2013, 20 Jahre später, waren es 8,9 Mrd. Euro. Deutschland verfolgt ein anderes Modell der Zusammenarbeit als beispielsweise China. Nachhaltigkeit und mehr Wertschöpfung in den afrikanischen Partnerländern sind die Ecksteine. Der „Marshallplan mit Afrika", den Bundesminister Dr. Gerd Müller entwickelt hat, beginnt zu wirken. Weitere enge Formen der Partnerschaft auf Augenhöhe, wie der „Compact with Afrika", gewinnen an Attraktivität. Zu den begehrtesten Exportartikeln Deutschlands zählt das Duale System in der Berufsausbildung. Es gibt kein afrikanisches Land, welches nicht das deutsche Duale System importieren möchte. Aber die Ausbildung allein löst die Probleme noch nicht, wenn gut ausgebildete Afrikanerinnen und Afrikaner dann keinen Arbeitsplatz finden. Deshalb müssen in Afrika Produktion und Wertschöpfung entstehen. Afrika hat nur als Rohstofflieferant keine Zukunft. Kooperation auf ehrlicher Augenhöhe heißt aber auch: Zugang zu den Märkten in Europa, keine

Abschottung bei landwirtschaftlichen Produkten, auch das gehört zur Fairness. Was wir brauchen, ist eine illusionslose realitätsnahe Kooperation der ausgestreckten Hand, zum Vorteil der Menschen in Europa, in Deutschland und in Afrika.

Deutschland ist vor allem gefordert, neue Konzepte in Fragen der Agrarkooperation für Afrika vorzulegen, denn die Landwirtschaft ist der Schlüssel zur Lösung der wirtschaftlichen Probleme. Afrikas Ernte geht zum großen Teil in den Export. Das ist gut, aber dies darf nicht zu einem Ernährungsmangel bei der eigenen Bevölkerung führen.

Und die in Deutschland entwickelten Aspekte der Nachhaltigkeit bei Industrieunternehmen schaffen auch in Afrika einen Mehrwert. Sich ausschließlich an den Bodenschätzen zu bereichern und anschließend Europa mit billigen Industrieprodukten zu „beglücken" ist keine ehrliche Augenhöhe mit Afrika.

Die Bildung allein wird Migration nicht nachhaltig verändern. Sehr wohl aber wird die Bildung junger Frauen die Demographie beeinflussen, denn gut ausgebildete junge Frauen werden weniger Kindern bekommen als weniger gut ausgebildete.

Deutschland kann mit seinen im weltweiten Wettbewerb hervorragend aufgestellten kleinen und mittelständischen Unternehmen, vor allem auch mit seinen Familienunternehmen eine neue Dimension der

Zusammenarbeit starten. Unser Land hat dazu die Unternehmer, die Erfahrungen und die technischen Fähigkeiten.

Für Deutschland

Auch für unser Land brauchen wir große Ziele. Man darf auch von Visionen sprechen. Der frühere Bundeskanzler Helmut Schmidt – so sagt man – soll die Empfehlung ausgesprochen haben, im Falle von Visionen einen Arzt aufzusuchen. Gemeint sind hier aber nicht unerfüllbare Träumereien, sondern große Ziele, die einen Weg zur Realisierung von Gemeinschaft stiften und Versöhnung bringen können. Mit der Proklamation einer „Industrie 4.0" und einem großen Sprung vorwärts in der Digitalisierung hat sich Deutschland große Ziele im technologischen Bereich gesetzt.

Wir sollten mutig weitere lohnenswerte Ziele formulieren beim Ausbau schneller Infrastruktur auf Schienen sowie einer harmonischen Entwicklung von städtischen und ländlichen Regionen.

Nach wie vor finden in Deutschland in erheblichem Umfang Abtreibungen statt. Die offizielle Statistik zählt in den zurückliegenden Jahren jeweils an die 100 000 Fälle. Die meisten davon werden mit sozialer Notlage begründet. Soziale Notlage hat vielfach mit finanzieller Bedrängnis oder finanziellen Sorgen zu tun. Ein wichtiges Ziel könnte es sein, alles zu tun, damit schwangere Frauen und auch ihre Partner weder vor noch nach der Geburt in eine finanzielle Schieflage geraten. Deutschland hat die finanziellen Mittel dazu. Was fehlt, ist die Entschlossenheit, gerechte und sinnvolle gesetzliche Regelungen zu entwickeln und zu beschließen für einen Zugewinn an Humanität und Menschlichkeit.

Die Energiewende kann wahrhaft als großes Ziel bezeichnet werde. Kein anderes entwickeltes Industrieland versucht ähnlich konsequent die Energieerzeugung umzustellen wie seit einigen Jahren Deutschland. Und viele andere Volkswirtschaften beobachten Deutschland, inwieweit es die gesteckten Ziele erreicht. Bei uns in Deutschland blicken die Menschen zunehmend mit Sorge auf die wachsenden Strompreise und die gleichzeitig steigenden CO_2-Emissionen durch Kohlekraftwerke. Es lohnt deshalb, auch andere, weniger umstrittene Umweltziele zu entwerfen. Deutschland als ein dichtbesiedeltes Zentralland Europas verfügt gleichwohl über wunderbare Naturlandschaften. Ein „Netzwerk Natur“, welches harmonische Verbindungen zu knüpfen versucht, fände sicher große Zustimmung. Korridore von Infrastruktur und Natur gemeinsam zu entwickeln wäre ein neues großes Vorhaben, welches Zusammenhalt schaffen könnte. Die

Schöpfung im Kleinen wie Großen für die Zukunft bewahren ist eine Aufgabe, die bei jedem Einzelnen beginnt und weltweit nie endet. Die Einsicht und das verantwortungsvolle Handeln fördern, um natürliche Lebensgrundlagen zu schützen, ein großartiges Erbe für die folgenden Generationen zu schaffen, zusammenzuführen, begeistern und überzeugen. Vor allem wenn dabei nicht das Gefühl der Bevormundung und von Arroganz geprägte Besserwisserei entstehen. Eine sinnvolle nationale Kraftanstrengung für große Ziele mit einem Zugewinn an Gerechtigkeit und Nachhaltigkeit vermag Spaltungen zu verringern und Gemeinsamkeiten zu fördern. Wir sollten das anpacken.

Sprache ist Heimat und verbindet

Spaltung gedeiht dort, wo man sich nicht versteht. Wer nicht dieselbe Sprache spricht, tut sich schwer, Brücken zu bauen. Eine gemeinsame Sprache, die deutsche Sprache in Deutschland, schafft ein Miteinander. Die deutsche Sprache abzuwerten und auf sie zu verzichten, befördert Spaltungstendenzen. Unsere Sprache kommt von zweierlei Seiten unter Druck mit dem Risiko, letztlich als „Restesprache" zu enden: von Seiten der Zuwanderer, der Migranten, welche zu Hause oder auch in den eigenen Gemeinschaften ausschließlich ihre Herkunftssprache sprechen, und von Seiten einer deutschen Elite, welche zunehmend nur noch das gesprochene und geschriebene englische Wort als amtlich anerkennt. In der deutschen Geschichte gab es immer wieder Zeiten, in denen sich Eliten abgehoben vom Volk auf Fremdsprachenbasis verständigt haben. Im 18. Jahrhundert war das Französische – die wunderbar präzise Sprache unseres Nachbarlandes – Zeichen der Zugehörigkeit zu Adel und Elite. Der Gemeinsamkeit und einem Miteinander hat das in der damaligen Fürstenlandschaft Deutschlands wenig genutzt. Selbstverständlich soll jeder in Deutschland Sprachen lernen, um sich mit möglichst vielen Völkern auf unserem Planeten verständigen zu können. Sprachen lernen bildet und erweitert den Horizont. Aber die Geringschätzung der eigenen, deutschen Sprache schafft keine Gemeinsamkeiten. Doch der Kampf gegen den systematischen Ersatz des Deutschen durch das Englische gleicht einem Kampf gegen die berühmten Windmühlen.

— In wenigen Jahren wird ein Hochschulstudium an berühmten deutschen Universitäten ausschließlich und nur noch in englischer Sprache möglich sein.

— Eine erhebliche Zahl von herausragenden deutschen Unternehmen verlangt von ihren Mitarbeitern, sich nur noch in Englisch auszudrücken. Die Verbannung der deutschen Sprache aus international tätigen Unternehmen wird wachsen.

— Ein leibhaftiger, frei gewählter Europaabgeordneter, der jetzt sein Mandat im Bundestag einnimmt, verlangt, Prozesse vor deutschen Gerichten in Wirtschaftssachen auch in Englisch durchzuführen.

— Auf Inlandsflügen von manchen Fluggesellschaften werden Sicherheitshinweise an Verbraucher und Kunden nicht mehr in deutscher Sprache gegeben.

– In einer Reihe von deutschen Städten, zumal in Berlin, werden in Restaurants die Besucher auf Englisch angesprochen. Nur wer auf den Gebrauch der einheimischen deutschen Sprache besteht, darf sich dann auch damit verständigen.

– Wiederum in manchen deutschen Städten und insbesondere in Berlin sind Beschriftungen oder Werbehinweise in einer Vielzahl von Geschäften nur noch in den Herkunftssprachen der Migranten verfasst. Ohne deutsche Untertitel. Ein klarer Hinweis, dass es auch ohne den Gebrauch der deutschen Sprache gelingt, Geschäfte zu machen und Kunden zu gewinnen.

– Dem entspricht eine Meldung der Bild-Zeitung vom 21.11.2018, in der Astrid-Sabine Busse, die Schulleiterin einer Berliner Grundschule in Neukölln, erklärt, dass sich im Sommer unter den 103 Erstklässlern an ihrer Schule an der Köllnischen Heide nur noch ein einziges Kind mit deutschen Eltern befunden habe.

Wie da Integration gelingen soll, bleibt rätselhaft. Die Schulleiterin zieht für sich selbst ein anderes Fazit: „Wir sind arabisiert."

– Hochrangige deutsche Politiker vergessen auf internationalen Kongressen ihre Muttersprache und wollen stolz zeigen, dass sie Englisch besser können als ihre Verhandlungspartner.

In der Politik sind die Beispiele Legion, dass Volksvertreter ihr teilweise mühsam erworbenes Einfach-Englisch unter Inkaufnahme von teilweiser Unverständlichkeit präsentieren. Wenn in internationalen Gremiensitzungen von 15 Teilnehmern nur einer kein Deutsch versteht, wird mit einem merkwürdigen Verständnis von Toleranz auf Englisch als Konferenzsprache umgestellt, obwohl 14 Anwesende perfektes Deutsch sprechen.

Wenn bei politischen Diskussionen gelegentlich der Eindruck von Unsicherheit entsteht, wird dieser durch Gebrauch keineswegs besonders treffender Anglizismen übertüncht. Ein Beispiel: Beliebt ist es, von einer „embedded" Politik zu sprechen, anstatt das deutsche Wort „eingebettet" zu nutzen. So wird die deutsche Sprache im internationalen Bereich zunehmend aufgegeben, trotzdem geht das einigen immer noch nicht schnell und weit genug. Besonders ärgerlich wird es, wenn die aktive Verwendung der deutschen Sprache mit altbekannten politischen Argumenten aus der Schublade als ewig gestrig, nationalistisch, engstirnig, zukunftsabgewandt in Verbindung gebracht und ihre Sprecher als unfähig, selbst ordentlich Englisch zu sprechen, bezeichnet werden. Etwas höher im Niveau, aber deswegen nicht weniger falsch bleibt die Argumentation, Deutsch verstünde ohnehin schon kaum mehr jemand, man müsse, um sich international verständlich zu machen, Englisch sprechen und publizieren. Das ist die klassische selbsterfüllende Prophezeiung.

– Aber nicht nur in Politik, Wissenschaft und Forschung nimmt Englisch eine hegemoniale Stellung ein, auch in der Wirtschaft und im alltäglichen Umgang wird die deutsche Sprache zunehmend zur Resterampe.

– Apple, die Marke mit dem Apfel, sendet während der Olympischen Spiele im deutschen Fernsehen teuerste Werbung über eine halbe Minute nur noch in Englisch, mit gelegentlichen deutschen Untertiteln. Die Bandenwerbung in den Fußballarenen, in früheren Zeiten noch ein Rückzugsraum der deutschen Sprache, hat diesen längst geräumt. Englischsprachige Werbung gilt als treffender, souveräner, international und modern, fast schon als amtlich.

– Auch in einem Teil der Medien verstärkt sich der Eindruck, dass mündliche gesellschaftlich gültige Aussagen zunehmend in Englisch formuliert werden, und selbst der Deutsche Bundestag wendet sich immer wieder von der eigenen Sprache ab: Bei Empfängen oder Diskussionsrunden in den Räumen des Reichstages mit ausländischen Gästen wird gerne im gepflegten Englisch parliert, auch wenn nur ein einziger der Teilnehmer weniger gut Deutsch spricht. Die Begründungen sind immer dieselben: Es sei bequemer, auf ein Dolmetscherarrangement zu verzichten, und auch kostengünstiger.

— Die Erklärungsversuche eines Teils der Elite unseres Landes sind identisch: Die deutsche Sprache verstünden immer weniger. Deshalb müsse man sich in Englisch ausdrücken. Weltoffenheit beginne damit, sich in Englisch auszudrücken, und Übersetzungseinsparungen brächten einen erheblichen Zugewinn an Wohlstand.

Die Auswirkungen einer solchen nur elitär-ökonomischen Betrachtungsweise bleiben ohne Erwähnung: Der offene oder versteckte unterschwellige Druck, die englische Sprache in Deutschland zu nutzen, führt zu einer gefährlichen Situation des Nichtverstehens. Auf das, was für gut ausgebildete Eliten selbstverständlich ist, reagieren andere mit zunehmender Abwendung.

Da Zuwanderer an der Sprache ihrer Herkunftsländer festhalten, fragmentiert sich die sprachliche Verständigungsmöglichkeit in Deutschland, mit einer verhängnisvollen Konsequenz. Das Einwanderungsland

Deutschland verzichtet auf die überzeugenden Erfahrungen traditioneller Einwanderungsgesellschaften, dass Zusammenhalt und Identität und das Verstehen entscheidend über Sprache wachsen.

Menschen, die sich buchstäblich immer weniger in einer Sprache verstehen, werden sich auch immer weniger zu sagen haben.

Wenn Deutsch als international geachtete Wissenschaftssprache systematisch abgeschafft wird, werden zwei Auswirkungen unvermeidbar sein: Die gewünschte Mehrsprachigkeit im wissenschaftlichen Bereich verengt sich auf eine englische Einsprachigkeit. Während in vielen Wissenschaften Diversität als anzustrebendes Ziel gefeiert wird, plädieren deutsche Hochschulrektoren für englische Einsprachigkeit im Wissenschaftsbereich. Diversität, die Vielheit, gilt unbestritten als politischer und wissenschaftlicher Wert, der außer Frage steht. In der wissenschaftlichen Kommunikation dagegen hat man gelegentlich den Eindruck, es wäre das sprachliche Hegemonieziel, das Englische als Wissenschaftssprache unumstößlich zu verankern. Die Hegemonisten der englischen Sprache vermeiden bei der Erweiterung ihres Herrschaftsbereichs zwar den schweren Säbel, geben aber einmal eroberte Arrondierungen mit entschlossener Erbarmungslosigkeit nicht mehr her. Wird aber die wissenschaftliche Hochsprache gekappt und werden neue wissenschaftliche Phänomene nicht mehr in Deutsch ausgedrückt, verödet unsere Hochsprache. Auch präzise Begrifflichkeiten werden dann vergessen. Ein Beispiel von vielen: In „Terra X", der verdienstvollen Sendereihe des ZDF, verwendeten am 22. April 2018 in einem Beitrag über außerirdische Einschläge auf die Erde mit ihren gigantischen Auswirkungen deutsche Professoren nicht mehr den eingeführten und anschaulichen Begriff „Einschlagskrater", sondern sprachen von einer „Impact-Zone".

Die politisch Verantwortlichen müssten alarmiert sein, denn Sprechen und Verstehen sind politische Währungen. Reiner Kunze hat hierfür eine zutreffende Formulierung gefunden: „Wort ist Währung – je wahrer, desto härter."

Was ist zu tun?

– Eine vordringliche Aufgabe der Politik ist es, widersprüchliche Ausgaben von Steuergeldern zu stoppen. Über das Auswärtige Amt, genauer das Goethe-Institut, wird in hervorragender Arbeit künftigen Studentinnen und Studenten in Deutschland Deutsch gelehrt. Die Ausgaben dafür sind, infolge einer erfolgreichen Aktion über Fraktionsgrenzen des

Deutschen Bundestages hinweg, deutlich erhöht worden. Es macht aber keinen Sinn, wenn Studierende beispielsweise aus Kasachstan unter großen Anstrengungen Deutsch lernen und dann an der Technischen Universität München bei Studienbeginn feststellen, es war alles umsonst, sie hätten besser Englisch gelernt, dass sie Deutsch gerne für den Mensabesuch verwenden können, aber nicht für ihre wissenschaftlichen Studien. Es ist nur eine Frage der Zeit, dass sich der Bundesrechnungshof für dieses widersprüchliche Verhalten interessieren wird. Selbstverständlich werden junge Menschen weiterhin Deutsch für ihre Studien lernen und nicht Englisch. Warum? Weil wir in Deutschland den paradieshaften Zustand haben, keine Studiengebühren zu verlangen. Wer eine der international bestens aufgestellten Universitätslandschaften ohne jede Art von Bezahlung besuchen kann, der lernt gerne Deutsch. Deshalb ist die Befürchtung eines internationalen Bedeutungsverlustes völlig falsch.

— Exzellenzuniversitäten: Bei den Masterstudiengängen müssen Vorlesungen und Prüfungen immer auch in deutscher Sprache angeboten werden. Darüber hinaus gilt es, Rahmen zu setzen für ein Handeln öffentlicher Einrichtungen und Institutionen, z. B. sollten in Deutschland stattfindende Tagungen und Symposien, deren Konferenzsprache nicht auch Deutsch ist, auch nicht mit deutschem Steuergeld unterstützt werden. Wir sollten uns bei ohnehin zu wenig zur Verfügung stehenden Mitteln bei Veranstaltungen auf die wenigen Teilnehmer konzentrieren, die besonderen Wert auf die Verwendung der deutschen Sprache legen.

– Wissenschaftliche Veröffentlichungen – also Forschungsergebnisse, die mit Bundesgeldern gefördert werden – sind selbstverständlich in deutscher Sprache zu veröffentlichen. Nur so ist es möglich, dass Deutsch als Wissenschaftssprache durch entsprechende Fachpublikationen wieder nachhaltig gestärkt wird. Entweder deutsche Sprache oder keine deutschen Steuergelder.

– Statt Deutsch als Wissenschaftssprache unter lautem Beifall zu beerdigen, sollte es eine klare Verpflichtung geben, dass mit deutschen Steuergeldern erzielte Forschungsergebnisse auch in deutscher Sprache zu publizieren sind, zumindest zeitgleich mit anderssprachigen.

– Staatlich beherrschte Unternehmen sind zu verpflichten, Deutsch als Unternehmenssprache und kundenorientierte Daseinsvorsorge zu nutzen.

– Der Erwerb der deutschen Sprache bei Migranten sollte als vorrangiges, entscheidendes Ziel nicht nur formuliert, sondern auch durchgesetzt werden.

– Und es sollten klare, einheitliche Regelungen zur Verwendung der deutschen Sprache innerhalb der Bundesregierung und aller öffentlichen Institutionen des Bundes getroffen werden: Es sollte klargestellt werden, dass die Mitglieder der Bundesregierung und Beschäftigte nachgeordneter oberster Bundesbehörden bei Anlässen aller Art grundsätzlich Deutsch sprechen. Was für die meisten Bürgerinnen und Bürger eine Selbstverständlichkeit ist, sollte als Maßstab für persönliches politisches Handeln gelten.

– Wer immer sich für die deutsche Sprache einsetzt, darf nicht als abgehängter Sprachfrömmler verspottet werden. Deutsch als „Restesprache" für Freizeit, Familie und gelegentliche Klassentreffen mag mancher für unwahrscheinlich, andere sogar für sehr wünschenswert halten.

Ich meine: Wir können uns eine Unkultur des Nichtverstehens nicht leisten. Deshalb ist es nötig, die Verwendung des Deutschen auch im Grundgesetz zu verankern. Die CDU hat auf ihrem Parteitag 2016 genau dies beschlossen, die Umsetzung ist bis jetzt allerdings nicht erfolgt.

Renommierte Sprachwissenschaftler stellen fest: Deutsch ist international ein Sympathieträger und ein Symbol für Perfektion und Kreativität.

Die deutsche Sprache hilft in schwierigen politischen Systemen im Ausland als Kommunikationsmittel, über Zensurgrenzen hinweg. Die damit zusammenhängenden wirtschaftlichen Aspekte sind von enormer Tragweite. Deshalb ist die bewusste kulturelle Pflege der deutschen Sprache als Kompetenzsprache nicht von gestern, sondern eine entscheidende Voraussetzung für eine gelingende Zukunft.

Sprache kann verletzen, Sprache kann Konflikte auslösen, Sprache kann zerstören – mit den richtigen Worten, mit der richtigen Sprache kann man aber auch versöhnen und Frieden schaffen.

Was kann, was muss politisch geändert werden?

Der Deutsche Bundestag hat sich immer in besonderer Weise der deutschen Sprache als Wissenschaftssprache verbunden gefühlt. Immer wieder gab es klare Aufträge an die Bundesregierung, z. B. am 27.06.2013, als der Bundestag mit großer Mehrheit in einem an die Bundesregierung gerichteten Antrag festlegte: „Es ist von großer Bedeutung, Deutsch auch als international gesprochene und genutzte Sprache zu fördern. Dies gilt im besonderen Maße für die Wissenschaftssprache Deutsch, denn wenn diese weiter an Bedeutung verliert, dann geraten auch wichtige Beiträge deutschsprachiger Wissenschaftlerinnen und Wissenschaftler aus dem Blick."

Im Koalitionsvertrag des Jahres 2013 wurde eine Reihe klarer Regelungen festgelegt. Im Vertrag für die neue große Koalition im Jahr 2018 fehlten ähnlich klare und präzise Festlegungen. Vor dem Hintergrund einer gewissen politischen Erfahrung meine ich: Angesichts der Erfahrungen mit der Umsetzung des Koalitionsvertrages von 2013 ist es nicht nötig, die Schultern hängen zu lassen. Vielmehr kommt es auf die praktische Umsetzung der im Parlamentsbetrieb durch die Koalitionsparteien festgelegten Regeln an. Es gibt in beiden Koalitionsparteien tüchtige und einflussreiche Mitglieder des Deutschen Bundestages, die sich für die deutsche Sprache einsetzen werden. Ich nenne an dieser Stelle auch gerade den stellvertretenden Fraktionsvorsitzenden der SPD, den Kollegen Axel Schäfer, oder auch den Vorsitzenden des Europaausschusses des Deutschen Bundestages, den Kollegen Gunther Krichbaum von der CDU/CSU.

Deutsche Sprache – Sprachenvielfalt in Europa. Doch leider hat sich eine knappe Mehrheit der britischen Staatsangehörigen für den sogenannten Brexit entschieden. Eine Amputation Europas, ein Verlust eines tragendes Pfeilers des gemeinsamen Europas. Sollte nun tatsächlich das Vereinigte Königreich die Europäische Union verlassen, kann das nicht Anlass für eine Hegemonie der englischen Sprache in einem von Vielheit geprägten Europa sein. Die Briten gehen, doch Englisch kommt und Deutsch, Französisch und alle anderen EU-Sprachen verschwinden? Das kann nicht das Ergebnis des Brexits sein. Vielen Mitgliedstaaten der EU ist der Respekt gegenüber ihrer eigenen Sprache ein Herzensanliegen. Mitgliedstaaten mit einer kleineren Bevölkerungszahl definieren sich mindestens in gleichem Maße wie zahlenmäßig große Nationen über ihre Sprache. Eine Einheitssprache für Europa ist daher für die meisten Menschen in Europa keine erfolgversprechende Perspektive.

Der Deutsche Bundestag ist bei seinen hart erkämpften Mitwirkungsrechten bei europäischen Entscheidungen darauf angewiesen, rechtzeitig und pünktlich Übersetzungen in deutscher Sprache zu erhalten, nur dann ist die Mitwirkung des deutschen Parlaments gesichert. Das geschah in der Vergangenheit immer weniger. Vor allem hochkomplexe Beteiligungen bei Finanzentscheidungen zur Eurorettung können nur dann verantwortungsbewusst getroffen werden, wenn keine fachenglische Vorlage auf den Tisch geknallt wird, sondern eine amtliche Brüsseler Übersetzung auf Deutsch mit zeitlichem Vorlauf zugeleitet wird.

Wenn die EU-Kommission von Deutschland nach dem Brexit die Übernahme von mehreren Milliarden Euro an EU-Beiträgen erwartet, dann braucht Deutschland das nicht ergeben hinzunehmen. Statt zehn oder zwanzig Millionen einzusparen bei den deutschen Übersetzern, von denen es ohnehin zu wenige gibt, bedarf es mehr der deutschen Sprache kundiger Übersetzer.

Worum geht es konkret?

1. Es braucht eine wesentlich zügigere Übersetzung durch die EU-Institutionen.

2. Notwendig ist kein Abbau des Sprachendienstes, obwohl wir wissen, dass Sprachendienste teuer sind, aber die Vielheit Europas ist ein entscheidender Teil der Identität Europas.

3. Notwendig ist, dass die Kommission zu dem jahrelang bewährten System zurückkehrt, dass alle Kom-

missionsvorschläge am Tag der Annahme in den drei Verfahrenssprachen Englisch, Deutsch und Französisch vorliegen.

4. Und sinnvoll ist die Aufwertung der Verfahrenssprachen Deutsch und Französisch. Unser Bündnispartner bei der Aufwertung des Deutschen ist Frankreich, denn Frankreich und die französischen Kollegen in der Assemblée nationale leiden oft stärker als ihre deutschen Kollegen unter dem Bedeutungsverlust des Französischen in Brüssel. Ich halte die Chancen für gut, eine Erhöhung des Budgets dafür gemeinsam mit Frankreich durchzusetzen. Ausgaben der Kommission für die Generaldirektionsübersetzung belaufen sich zurzeit auf 330 Mio. Euro im Jahr, eine hohe Summe, aber weniger als 1 Prozent des jährlichen Gesamthaushalts der EU.

Immer wieder hört man den Einwand, das Bestehen auf der deutschen Sprache sei völlig überholt, sorge für tiefe Gräben und diene dem Nationalismus. Es gibt einen Mann, eine Persönlichkeit, dessen lebenslanger Kampf für ein gemeinsames Europa außerhalb jeder Frage steht und unbestritten ist – der ehemalige Bundeskanzler Helmut Kohl, der in einer eindrucksvollen Zeremonie in Straßburg und Speyer zu Grabe getragen worden ist. Er hatte am 14.09.1984 als Bundeskanzler

an den damaligen Präsidenten der EU-Kommission
Gaston Thorn geschrieben und sich für die gleichbe-
rechtigte Anwendung der deutschen Sprache innerhalb
der Gemeinschaft eingesetzt. „Ich wäre Ihnen daher
dankbar, wenn Sie Ihre Dienststellen anweisen würden,
den vollen Gebrauch der deutschen Sprache entspre-
chend der in der Gemeinschaft geltenden Sprachrege-
lung sicherzustellen. Stellungnahmen und Dokumente
sowie Schreiben der Kommission an deutsche Dienststellen und private Unternehmen sollen künftig in
deutscher Sprache abgefasst werden. Dies gilt auch
für Einladungsschreibungen zu Sitzungen. In den Sitzungen muss die deutsche Übersetzung gewährleistet
sein. Die Vernachlässigung der deutschen Sprache stellt
schließlich eine Diskriminierung dar, die sich als Wett-
bewerbsnachteil für deutsche Unternahmen auswirkt.“

Helmut Kohl, ein großer Europäer. Wir sollten seine
Mahnungen ernst nehmen.

Schlusskapitel

Voraussetzung für einen Prozess der Selbstversöhnung bleibt, dass die Verantwortlichen in der Politik von einem zutiefst optimistischen Menschenbild ausgehen, dass sie die Menschen mögen, ihnen Vertrauen entgegenbringen, sie aber keinesfalls zu ihrem Glück zwingen wollen.

Wer die Menschen nicht mag, sollte sich nicht in die professionelle Politik begeben. Eine Ideologie, welche die Menschen zu bestimmten Verhaltensweisen zwingen will oder gar einen neuen Menschen zu erschaffen beabsichtigt, führt ins Unglück. Das Vertrauen in die Verantwortungsfähigkeit, in die Leistungsfähigkeit und in das Vermögen, in Freiheit den richtigen Weg einzuschlagen, vermeidet Spaltung und Unfrieden und schafft Gemeinsamkeit und Miteinander.